日本の再出発

日本は人材、そして技術で世界経済に貢献する国家に

吉田 春樹

財界研究所

目次

プロローグ

本書は、二〇一〇年の緑濃い夏のころからほぼ一年かけて総合ビジネス誌『財界』に連載された小論、〈どうする、「日本丸」〉を一冊の本にまとめたものである。その表題を、改めて「日本の再出発」とした。

執筆を薦めてくださった同誌主幹の、あのいつも前向きな村田博文さんの姿勢に応えることができたかどうか。こちらは長年の日本経済に対する熱い思いを経済随筆風のタッチで書かせていただいた。失われた二十年といわれる時代論として経済を論じる時は、それは経済だけにとどまらない。どうしても政治、社会、文化に及ぶ。

要するに、日本をどうするかというテーマである。国民としての大きな課題なのだ。ところが、連載の終盤になって突如として襲ってきたのが、東日本大震災であった。すでに掲載が終わって眠っていたテーマがいっせいに叩き起こされたのだ。その内容は、この時機にぴたりとミートしたものと自負している。

この大震災で多くの方が被災された。悲しい事件である。町役場の防災無線のマイクから最後まで必死に町民に津波避難を呼びかけ、自らは若い命を失ったあの女性の声が耳を離れない。

だが、この事件は単なる東日本大震災ではないのだ。すでに多くの国民が気づいているように、それは、戦後、深い考えもなく欧米の物質文明の流れに乗ってきた現代日本への警鐘と受け止めるべきである。現状を放置すれば、やがて日本列島全体が津波に呑み込まれる日が来るだろう。

彼女の叫び声は、国民に向けたその警告の声に聞こえるのである。この時点で私たちが取り組まなければならないのは、東日本復興を手がかりとして、この日本をどう立て直すかだ。ここで、大震災復興と現代日本の再建がオーバーラップするのである。

連載では、戦後日本史を基軸にしながら、現代日本が取り組む課題、これから日本はどうすべきかを論じてきた。

すなわち、現在から約半世紀前に社会学者ダニエル・ベルの論じた「Post-Industrial Society」を、誤解のないよう脱工業社会ではなくポスト工業社会と理解することにより、日本経済は間違いなく現在その状態に差しかかっているのだとの大前提で話を進めた。

私がここであえてポスト工業社会と呼んでいるのは、現代が広い意味での農業社会、工業社会、情報社会の重層的経済構造、社会構造であると考えるからである。例えば、農業も、GPS（全地球測位システム）衛星を活用し、広大な農地で無人農機を自動運転する時代を迎えつつあるのだ。そのために何が重要か。それは世界の最先端を行く科学技術であり、産業技術である。この分野を、これからの東アジア環太平洋経済圏とともに若者たちのフロンティアと位置づけたい。

日本の将来がかかっているのは、民間経済だけではない。国家財政をどう立て直すか。これは重大問題だ。この連載では、深刻な少子高齢化問題を社会保障問題と財政のあり方に関連づけて論じた。震災後のいま、まさに日本が正面から直面している課題である。

そして、この問題からもう一歩踏み込んだところにあるのが、そもそもの社会体制のあり方、ひいては生活共同体の問題である。震災を報じるテレビ映像は、この問題も大きくクローズアップしてくれた。その行き着くところが地域主権の議論だが、連載では、このことに関しても州制導入としていろいろ論じたつもりである。

いずれも詳細は本書をお目通しいただくとして、私が連載でじゅうぶん論じきれなかったのが、復興資金をどうするかである。粗い議論になるが、結論だけ示させていただこう。常識的な通説に対し、私の考え方はかなり大胆である。

国が中心となって調達すべき資金は、ざっと二十兆円と見る。やや少ないと感じられるかもしれない。しかし、広く農業なども含む産業そのものの復興には、思いきった民間的経営手法と民間資金の導入を考えるべきである。そのためには、経済特区の活用などにより、革新的な規制緩和の実現が不可欠である。

本書では個別の地域復興については触れなかったが、一点だけ述べさせていただく。

今回津波の及んだ範囲には、いっさい低層住宅は建てるべきではない。それは教育施設とともに高台に移したい。しかし、その高台は狭隘《きょうあい》で山側からの災害の危険もあるという。だが、これらのことは承知のうえで、そうであるからこそ民間のアイディアや資金を活用することを考えたい。必ずやその知恵や資金は出てくると思う。

そこで話を元に戻して、二十兆円の公的資金をどうするか。それは復興資金であるので半世紀かけて償還することにして、ためらうことなく復興国債を発行すればいい。

ただし、これは震災発生前に連載の中で論じたことだが、まず、わが国の社会保障制度のあり方につき国民的議論を経たうえで合意を形成し、税や社会保険料のいわゆる国民負担率を欧州主要国並の水準まで高めるべきだ。市場（世界）に向けて、財政改善に関する日本の考え方をきちんと情報発信する必要がある。

そのうえで日本政府がたかが二十兆円の復興国債を発行することは、目先のあやは別にして、本質的には市場は問題なく受け入れるのではないか。

もしそれが難しいというならば、日本銀行に正々堂々と引き受けてもらおう。日銀には強い抵抗感があるのは承知だが、これができずに何のための日銀かと問いたい。輸入インフレや行き過ぎた円高の是正など円の先安要因は考えられても、この日銀引受けで円の評価が低下することは考えにくいのではないか。もし仮にもそうなれば、それこそ円安は多くの日本産業にとり大歓迎なのだが、市場はその日本円の強さをよく知っているはずである。

あえていえば国債の格付けの問題はあるが、私は格付けそのものをあまり評価していない。

さて、話が長くなったが、もう一点言及しておきたい。

それは、日本が積極的に地球に貢献していく国家になろうという話だ。すなわち、ポスト工業社会の延長線上において、自然エネルギーなどのクリーンなエネルギー社会を実現していくことである。これは、当初から私の構想の中にはあったが、連載での掲載は震災後になった。

私は、銀行で仕事をしていた時代から電力は専門分野であった。したがって、この資源小国日本において原子力発電がいかに重要かはよく知っているつもりである。だが、地震の研究が進むにつれ、かなり前から地震国日本での原子力発電の危険性を強く感じるようにもなった。これからは、人類が目指そうとしているクリーンなエネルギー社会の実現に、日本はその産業技術力を発揮して、大いに貢献したいものである。日本経済にとり、これは半世紀先の目標である。もし先人松永安左エ門が今日ありせば、ここに提起された原発問題をどう考えるであろうか。

「日本丸」は、一年前に、「青春とは人生のある期間をいうのではなく、心の様相をいうのだ」というサミュエル・ウルマンの青春の詩とともに出港した。そして、いま、私がここで強く思うのは、「国の青春とは、国民の心の様相をいうのだ」ということである。本書は、その航海日誌である。

第一章

サミュエル・ウルマンの青春の詩

終戦時にビジネスマンたちがなぜこの詩に感動したのか

「青春とは人生のある期間をいうのではなく、心の様相をいうのだ」というあの感動的な一節で始まるサミュエル・ウルマン（米国アラバマ州の詩人、一八四〇～一九二四）の青春の詩は、わが国のビジネスマンの間ではよく知られている。

この詩が日本に伝えられたのは、一九四五（昭和二十）年、日本がアジア太平洋戦争に敗れて間もないころのこと。この詩は、その年九月に日本占領連合軍最高司令官として着任したダグラス・マッカーサーの東京のオフィスの壁に掛けられていて、戦後の日本を担う何人かの新しいリーダーたちの目にふれた。

また、この詩は同じ年の十二月に発行された『リーダーズ・ダイジェスト』誌に紹介され、翌一月には同誌の日本版にも掲載された。松永安左エ門をはじめ、この詩に心を打たれた何人かのビジネスマンたちがこれを日本語に訳し、知人や友人に配ったと伝えられている（訳詩は岡田義夫訳といわれる）。

敗戦直後の日本人は飢え、街は荒廃していた。その当時のビジネスマンたちが、なぜこの詩に感動を覚えたのか。敗戦時のあの瞬間、それはすべてが失われた虚脱感と、何からどう手をつけていいのかわからないほどの混乱とが同時に存在している状態であったが、いまでこそわれわれは、その瞬間を新生日本の出発点であると理解している。

しかし、それはその後に高度成長を遂げ、世界で一、二を競う経済大国となった今日からふり返っての歴史的評価にしかすぎない。あの虚脱感と混乱とは、先の読めるごく一部の有識者を除いて、大部分の日本人にとってはまさに世紀末であったのだ。

戦争に敗れ、しかもコメの作況指数が六十七という大凶作であった四五年の冬というのは、そういう時期であった。

そのときに、何人かのビジネスマンがこの詩を目ざとく見つけ、感動し、邦訳し、知人や友人に配ったという。その当時、かれらのすべてが個人的に「青春」に感動するほど熟年であり、高年であったわけではない。むしろ、その後にこの詩に共鳴したリーダーやビジネスマンを含めて一般論でいえば、かれらの多くは、戦前からの各界の指導者が敗戦を機に自ら身を退いたり戦争責任でパージ（公職追放）された後、これからの日本の再建を担うために登場した若い人たちであった。

その若いかれらが何ゆえに青春の詩に感動し、共鳴したのか。それは、やはり政治、経済、社会を再建し、平和国家日本を実現しようとする情熱があったからではないか。青春とは未熟であり、未完である。しかし、同時に未来があり、理想があり、希望があり、可能性が無限に広がっている。私の勝手な解釈ではあるが、多くのビジネスマンが日本の青春に燃えた。サミュエル・ウルマンの青春の詩を迎え入れる下地が当時の日本の経済界にあったといえる。

まえがきに代えて

前節の文章は、拙著『「四％成長」は実現できる』（ダイヤモンド社・一九九四年刊）のエピローグからの一部である。多少表現を手直しした。冒頭から少々古い拙文を引用したことをお許しいただきたい。今回のこの連載を織り成す一つの太い糸は、日本の青春論、消えた青春の探求にある。そこで、冒頭にどうしてもこの青春の詩にふれておきたかった。

『財界』主幹の村田博文さんから連載物を書かないかというお話をいただいた。テーマは、「日本をどうするか」である。かねてから村田さんともよく話し合っているテーマであり、私自身強い問題意識を持っている課題である。もちろん、喜んでお受けすることにした。が、改めて考えてみると途方もない難題である。現在の日本は経済ばかりではなく、政治にも社会にも若々しさが感じられない。

前述の拙著は、九四年といえば、あのわが国のバブル崩壊後間もなくに書いたものである。「四％成長」という考え方は、当時でも格別に大きい非常識な数字であった。しかし、経済成長とは文化の成長であるとして、私の頭の中にあったのは、ＩＴ（情報技術）の進歩による情報化社会の到来と、やがて顕在化するであろう興隆する東アジア社会の拡大である。

今日、ＩＴは革命的に進歩した。例えば、現在の携帯電話が登場したのはわずか十年余り前である。インターネットにつながったケータイが登場したことにより、生活の場であれ生産の場であれ、私たちの経済の姿は革新的に変化した。経済に強い衝撃を与える一つの新しい文化が登場したのだ。しかも、その中核的な技術では世界の中で日本が断然強い。

一方、この間、東アジア経済は予想を上回る速さで成長を遂げている。二十年前、この地域の新興経済といえば、まだ韓国、台湾、シンガポール、香港などのアジアNIESの時代で、中国は市場経済化の緒についたばかりであった。だが、いまや、日本を含めての話だが、インド以東の東アジアが、世界一の経済圏を形成しようとしている。経済力の大きさで、ヨーロッパや北米を追い抜くのだ。

しかし、あのバブル崩壊後、日本の「四％成長」は実現できなかった。そればかりか、この二十年間、経済はほとんどゼロ成長に近い。世界で一、二位を競う経済大国日本との表現は、今日的には全く正しくない。

二十年近く前に世界のトップクラスにあった日本の一人当たりGDP（国内総生産）は、近年二十位台にまで低下してしまった。日本だけが、世界の成長に乗り遅れた一つの姿だ。

政治の面でも、一九九三年の宮沢喜一内閣の行き詰まりを、あの五五年体制（昭和三十年に生まれた戦後の日本を象徴する政治体制）の崩壊とみれば、ポスト五五年体制と呼べる政治体制はいまだ確立していない。〇九年の夏、政権交代で誕生した政府は、国民の立場からまだとても信頼できるものではない。

社会には、新しい文化が生まれるどころか、バブル崩壊後の氷河期以来、未来に夢と希望を失った若者たち（すでに中年化した人も多い）があふれている。隣国の韓国や中国とは対照的に、海外留学を望む学生が激減しているというではないか。

こんな日本をどうするか。

このテーマについて、非常に水準の高い読者各位と議論を進めていく気持ちで書かせていただこうと思う。すなわち、僭越をお許しいただくとして、私がリポーターになったつもりで、日本経済を中心にその周辺の政治や社会の問題点を整理し、討論の糸口として考え方を提起させていただければ光栄である。

「年を重ねるだけで人は老いない」

ここで、ごあいさつに代え、私自身につき簡単に自己紹介させていただく。

生まれは一九三五（昭和十）年、東京の蒲田。いまでいえば中小企業の集積地。父はエンジニアであった。私のモノづくりへのこだわりがここにある。

生後間もなく近くの久が原へ転居。四五年の終戦は疎開先の長野市で迎えたが、その秋に久が原へ戻ってきた。国民学校四年生。それから一年間、飢餓に瀕する。父の古い日記に「今日、いよいよ子供達に食べさせる物が無くなった」とある。現在でもこの列島国家の食料自給率には、強い関心がある。

長ずるにおよんで一九五八年、私なりの就活の秋。母が町内会の役員の関係で、工藤昭四郎さん（日本興業銀行を経て、当時東京都民銀行頭取）と懇意にさせていただいていた。ある秋雨の降る日、私は工藤さんに連れられて興銀の当時副頭取中山素平さんを訪れた。おふたりは、肝心な私を横に置いて、一時間ほど前夜の経済同友会の話の続きに熱中された。

翌春、興銀に入行。工藤さんからは、十年間しっかり産業金融の基礎を勉強するようにと指導を受けた。その十年余りの間に、資本市場や外国為替、さらに海外研修で、証券を併営するヨーロッパの銀行業務や、当時コンピューター化の進む米国で経営科学を学ぶ機会を得た。

日本産業、その企業経営に接するようになったのは、それらに次ぐ十数年。営業部門で電力、鉄鋼、非鉄、化学などを担当。

だが、一九七〇年代、その後半には日本経済の高度成長期は終わり、政治も変革期に入った。新自由クラブが登場した時代で、後に改めてふれるが、私はこのころが戦後日本の大きな転機であったと考える。しかし、国民はその転機を見落とした。

一九八〇年代、英国サッチャー首相、米国レーガン大統領に牽引され、冷戦下の西側経済が大きく変わる。自由化、民営化の時代に入ったのだ。日本で時代変化の自覚は薄かったが、八四年、米国に促されて日米円・ドル委員会が設けられ、円の自由化が加速された。

そのころ私は国内営業統括部門の仕事に携わっていた。間接金融と呼ばれる銀行貸出業務の減退にも苦労したが、一方、自由化で金融債のみに依存していた興銀の資金調達環境が大きく変わってきた。資金管理責任者の立場で、伝統的な興銀の考え方とは合わないALM（資産負債総合管理）という概念を導入したが、守旧派の先輩からは万死に値すると叱られたものだ。

その後、産業調査部長を経て、かつて企画部門の責任者として出向していた和光証券、その子会社の和光経済研究所に転出した。金融界に金融工学やデリバティブ（金融派生商品）が登場したころである。

本稿では、時節柄、この後で金融経済の出番も少なくない。そこで、この面の私の履歴に多少言及させていただいた。

二〇〇〇（平成十二）年、和光証券と新日本証券が合併、新光証券（現みずほ証券）が誕生した時点で経済研究所からも退いた。現在は、ラボ（小さな研究室）を構える一方、財団法人日本国際フォーラム（今井敬会長、伊藤憲一理事長）やその姉妹団体の東アジア共同体評議会（中曽根康弘会長）に所属、しばしば研究会に出席している。

日本経済も、あの青春の詩に感動した終戦時から数えて六十五年目に達した。人間でいえば高齢者に仲間入りしたのである。しかし、サミュエル・ウルマンはいう。

「年を重ねるだけで人は老いない。理想を失うときにはじめて老いがくる」と。私も、心に理想を抱き、読者各位と日本の青春を求めて、大海に向け航海を始めたい。その船の名を、「日本丸」と呼ぶ。

平成のこの世、「日本丸」は世界の大海をどう進むか

「日本丸」は、内海を航行する小船ではない。その乗船者(国民)数は世界十位、国土は狭いが領海と排他的経済水域は合わせて世界六位である。GDPの規模は、いま中国に抜かれつつあるが、これまで米国に次ぎ世界第二位であった。

先日、日本証券経済倶楽部で呉善花《おそんふぁ》さんを講師にお迎えし、講演会が開かれた。呉さんは韓国・済州島の出身で留学生として来日、現在は日本国籍も取得して比較文化学の学者・評論家として高く評価されている。『スカートの風』(角川文庫)の著者としてご存知の読者も多いと思う。

演題は「日本の曖昧力」。同名の著書がPHP研究所から出版されている。当日は華道や茶道など古典文化に根差す日本人の美意識や、生活の豊かさについて話があった。その背景に、恵まれた自然があるという。

日本は、世界でも特異な国である。アジア大陸の東端にある島国で、半島国家の韓国と違い他民族の侵略を受けたことがない。歴史の古い国である。

はじめの方で、呉さんから「みなさん、これから日本はどんな国を目標にしたらいいとお考えですか。アメリカですか、中国ですか、それともアフリカの国ですか」という反語的問いかけがあった。会場はしーんとしていたが、私はふと北欧の国ぐにが頭をよぎった。

しかし、考えてみれば、数年前に拙著『老老介護』を書く前、興銀先輩の上田正臣さんと話をした時に、これからの日本の社会保障制度は北欧のような人口数百万人の国は手本にならないという結論が出ていたのだ。

ヨーロッパは、各国それぞれ先進国として成熟し、NATO（北大西洋条約機構）やEU（欧州連合）の存在する地域である。これに対し、このアジアは、日本を除き、まだ発展途上にある。安全保障の面でも、現状はいまだ不安定である。

その日本を、本稿では大海を行く超大型船と見立てた。ここは、「やわ」な考え方では乗り切れまい。どうする、「日本丸」。

かつては先進国の船が行き交うのみであった航路も、G8からG20の時世に移り、航行のルールも大きく変わりつつある。冷戦を終えたとはいえ、国際社会の海は荒れるだろう。テロの時代に入ったからだ。やがてならず者国家や国際テロによる核拡散にも脅かされよう。

経済の面でも、世界的危機は容易には収まらない。が、風雨が去ると、今度は新興国の台頭で、世界経済の様相は一変する。そのなかで、アングロ・サクソン流の金融資本主義が、腕力で復活してくるであろう。

そうした今、「日本丸」には明らかに疲れが見える。船足が落ちてきた。経済成長が止まり、財政が大幅な赤字を抱え、人口が峠を越し、少子高齢化が進むからだ。船体は、じわりじわりと老朽化しつつある。

と考えていいのかどうか。日本は、今こそ国家の理想を高く掲げるべきではないか。

次章は、話の出発点として足元の金融危機を取り上げたい。

第二章

金融危機後の日本の進路を考える

「モノづくりはグーグルとウォール街に負けたのか」

二〇〇八年九月、米国のリーマン・ショックを契機に百年に一度の世界的金融危機が始まった。この連載では、まずこのテーマを取り上げなければならない。なぜならば、金融革新に出遅れた日本はこの金融危機の影響を世界で最も強く受けたが、これからは金融立国を志すのでなければ、今後も強い日本経済は望めない、とする有力な考え方があるからである。

『財界』［夏季第2特大号］二〇一〇の書評欄で、私は評者として野口悠紀雄著『経済危機のルーツ』（東洋経済新報社）を取り上げた。著者は、大蔵省勤務後、東京大学教授、スタンフォード大学客員教授ほかを経て、現在は早稲田大学大学院教授である。野口教授はこの著書で日本経済の遅れを説き、「モノづくりはグーグルとウォール街に負けたのか」と問題を投げかけている。

彼は都立日比谷高校の同窓生で、私より数年若い。もう四半世紀も前になるが、私の主宰するビジネスマンを中心とした研究会に、求めて参加してもらった。学者の彼は、私にとっては経済学の大切な先生である。

ここであえて彼の著作にふれたのは、そこに、これからの日本経済を考えるのに大切なカギがあると考えたからだ。私の書評に目を留められた方、すでに著書を読まれた方など、読者のお立場は様ざまであると思う。ここでは、その要点を簡単に示すつもりだが、肝心の金融工学については詳細に言及する余裕が全くない。そこで専門的な関心をお持ちの読者には、著書のご一読をお薦めする。

そのストーリーのごく大筋を示すと、彼は、一九七〇年代に日本とドイツのモノづくり経済が躍進したとする。しかし、八〇年代に入り、英国サッチャー首相、米国レーガン大統領に牽引され、西側経済は自由化、民営化の時代に入った。著者はこの二人により世界の経済思想と体制が大転換したという。

そして九〇年代、米国と英国が大繁栄時代を迎えた。両国は脱工業化を達成、米国の金融活動は高い収益率を実現し、英国も開放政策で金融立国を果たした。野口教授は、日本とドイツは脱工業化ができず、九〇年代以降に両国が凋落したのは歴史の必然であるという。

そこで訪れたのがこの二〇〇〇年代。未曾有のバブルとその崩壊である。彼がいう凋落のなかにあった日本はそれを感じなかったが、あの〇八年九月直前まで、世界全体(欧米先進国も新興国も)が絶好調の景気を謳歌していた。その原動力は、米国のサブプライム・ローンと証券化商品によるバブル。

しかし、突然リーマン・ショックが襲った。バブルが見事に崩壊し、世界は一九二九年以来の大不況に突入。ここで彼は、モノづくりと金融と、どちらが生き延びるかと問いかける。彼によれば製造業立国モデルは破綻したといい、金融業中心国は健在であると宣言するのだ。

彼の主張するところと私が考えていることとで、共通するところは小さくない。私も九〇年代の早い時期から情報社会(ポスト工業社会)の到来を主張し、IT(情報技術)の重要性を説いてきた。しかし、正面からモノづくりを否定され金融立国を奨励されると、これは黙ってはいられない。元金融の実務家である生徒が、経済学の世界的な先生に反論するということになる。お許しをいただきたい。次節以下で、そういう立場から日本経済を論じたい。

日本の進路は脱工業社会と金融立国であるというが

今後「日本丸」が進む航路を考える立場から野口教授の主張をやや大胆に整理すると、第一に日本は脱工業化を進めるべきであり、第二にその先の姿は金融立国だが、そのためには金融工学をマスター（熟達）すべきであるということではないか。

実は、彼の執筆そのものでは、話は過去形である。すでに述べたように、日本は脱工業化できずに凋落したのだ。これに対し、米国や英国は脱工業化に成功、米国は金融工学の発達でおおいに稼ぎ、英国は開放政策で金融立国を実現したという。

しかし、過去形のままでは、読者に日本の進むべき航路の論点として海図をお示しすることができない。そこで、ここは彼の主張は現状に対する問題提起と受け止め、話を先に進めよう。

それともう二つ、前口上が長くなって申し訳ないが、肝心な点について注釈をつけておきたい。

その第一点は、脱工業社会という表現についてである。このことばが日本社会で広く使われるようになったのは、一九七〇年代半ば以降である。ダニエル・ベルの著書が日本で内田忠夫ほかそうそうたるメンバーで翻訳され、七五年にダイヤモンド社から『脱工業社会の到来』として出版された。画期的な著作だ。ただ、私は、この社会を原文に近いポスト工業社会と呼ぶことにしている。

このテーマは、これからこの連載の中で何度かふれることになるが、日本語の表現として、脱工業社会とポスト工業社会とでは、微妙な差があることをご理解いただけると思う。

その第二点は、金融そのものについてである。各国の金融の姿は、その国の歴史、政治、経済、社会、文化に応じ、実に様ざまだ。例えば金融機関と一言でいっても、わが国の銀行、証券、米国の商業銀行、投資銀行、欧州の証券を併営するユニバーサル・バンクや特に英国のマーチャント・バンクなど、その呼称や機能は多種多様である。

米国では住宅ローン債権を束ねて証券化するというが、日本では、地域金融機関はローンの借り手と顔見知りである。なぜその債権を今さら証券化するのかということになるのだ。

前置きはこのぐらいにして、話を先へ進めよう。

ポスト工業社会では多くの産業が多彩に展開

ダニエル・ベルは、経済社会の発展過程を労働の性格の変化で追っている。彼によれば、前工業社会は多くの人びとが農業、鉱業に従事する社会である。そして、工業社会は財貨の機械生産により特徴づけられる社会であり、ポスト工業社会は情報に特徴づけられる社会なのだ。

これを経済部門の発展で追うと、前工業社会は第一次産業（農業、鉱業、漁業、林業）、工業社会は第二次産業（工業、加工業）で、ポスト工業社会は以下のように多彩に展開する。すなわち第三次産業（輸送、レクリエーション）、第四次産業（貿易、金融、保険、不動産）、第五次産業（保健、教育、研究）となる。

このように展開してもらうと、モノづくりの次は脱工業立国を志すべきだと決めつけられるよりは、ビジネスの世界ではるかに理解しやすくなる。

さらに重要なことは、ベルが、経済社会の発展とともに前段階の産業は消えてなくなるとは言っていないことであり、言うはずもないことだ。ポスト工業社会の最先端を行く米国にとり、農業は現在でも非常に重要な産業である。実は、金融の歴史は人類にとり農業とともに古いのである。

ただ見落としてならないことは、ベルが、ポスト工業社会への移行について、それは財からサービスへの形態変化であるとし、労働の性格に、理論的知識が中心的地位を占めるという基本的変化を指摘している点だ。

そこで、次に注目したいのが、ベルが工業社会の中心的技術をエネルギーとし、ポスト工業社会の中心的技術を情報としている点である。

産業革命は、人類がエネルギーを動力源として使うところから始まった。その意味で、エネルギーが工業社会の中心的技術であるということについては、全く異論はない。ただし、後に改めてふれるが、人類は、いま地球環境問題から自然エネルギーの時代を迎えつつある。これは二十一世紀の新しい産業革命であるということに、ここで言及しておきたい。

さて、情報であるが、これもまた産業革命的技術である。これは、ベルがポスト工業社会の中心的技術と位置づけていることでも明らかである。むしろ、今日では、世界的にポスト工業社会は情報社会であると認知されている。

この情報技術には二面性がある。一つは他産業を支援する役割としての技術であり、もう一つはそれ自体が新しい産業としての技術である。前者は、例えば通信そのものや業務をサポートするコンピュータであり、後者は、例えばマンガやアニメ、ゲームなどのメディア・コンテンツである。情報技術により、人類に全く新しい宇宙が開かれつつあることは、私たちが日常体験しているところである。

大事なことは、これらの新技術により、農業社会も工業社会も変わってくることだ。農業の工業化が進み、工業の情報化が進むのである。技術進歩で革命的に変化しているのは、金融工学の発達で逆立ちして大騒ぎしている金融機関だけではないのではないか。

さて、革命的なエネルギー技術にせよ情報技術にせよ、世界にライバルは多いが、日本人としては得手とするモノづくりの内側の話だ。一億三千万人を乗せたこの「日本丸」を単純な脱工業化へ向かわせよという考え方に対しては、この国の国民性の観点からいささか賛成しかねるが、いかがであろうか。

いずれにせよ、金融は日本にとり重要な産業

さて、脱工業化については疑問を呈したが、次に、金融立国に関して、私の考え方を明らかにしておかなければならない。

この東アジア経済圏の現状を前提に、私も、金融立国一辺倒というわけではないが、金融に関しても、日本はしっかりした技術力とそれを裏打ちする資金力とを身につけておくべきであると考える。そのためには、相当高度な金融工学についても、マスターしておかなければならない。

やがてこの分野でも、韓国や中国が、日本の有力なライバルになるに違いない。未だ中国の人民元は国際化していないが、十年後には、彼らも国際金融界の有力なアクター（演技者）に成長しているに違いない。

ということを前提にしてだが、足元に関しては、日本の金融は、米国や英国のいわ

ゆるアングロ・サクソン型の金融とは全く噛み合わない。住宅金融が金融のすべてでないことは百も承知しているが、サブプライム・ローンが今回の世界危機の火元であったので、実例としてこの問題を取り上げる。野口教授にかぎらず多くの学者や実務家が、米国ではモーゲージとも呼ばれるこの住宅ローンの証券化を基礎にして、金融工学がいかに優れているかを論じている。

米国では、住宅金融は小規模な地域金融機関がおこなう。サブプライム・ローンは信用力の低い個人向けの融資だが、バブルで住宅の値上がりが続いていたため、金融機関はほとんど相手を見ずに資金を貸した。

しかし、金融機関には手金がない。そこで、かねて設立されていた住宅金融公社にこのモーゲージが集められ、投資銀行によって証券化されて投資家にはめ込まれる。この段階で機能するのが金融工学である。

投資家は各種投資基金など多様であるが、例えばリスクやリターンなどで彼らの雑多な要請に応じた、いろいろな債務担保証券（ＣＤＯ）が用意される。

高度な金融工学を応用してつくられるこのような金融商品を証券化商品と呼ぶが、米国には証券化商品が無数に存在する。これらは証券投資の過程で大きな役割を果たしているのだ。

それでは、それにもかかわらず、なぜ住宅ローンから世界的金融危機が発生したのか。

専門家には異論があると思うが、私は、それは事態が金融工学の能力を超えたためであると考えている。彼らは、要するにバブルが崩壊し、基礎である市場全体にリスクが発生したからであるというのだ。ビジネス・パーソンの私に言わせれば、大局観を欠いていたのだ。危機が世界に波及したのは、リーマン・ブラザーズが大き過ぎたからで、米国の当局が判断を誤ったのだ。

私のような日本の古い金融マンの立場からいうと、金融は実体経済と表裏の関係にあるべきで、すぐれて人間臭い産業である。もちろん、経営の立場から、道具としてのコンピュータの重要性はじゅうぶんに理解しているつもりである。

昔は、資産家から、預金が欲しければうちの娘と結婚しろといわれたものだ。住宅融資のように大切なことは、顧客と相対で話をする。今でもそうだが、貸出資金は手元の資金が潤沢で、後で資金調達のためにこれを証券化する必要は全くない。この話が事業資金ということになると、その関係はますますウェットで有機質なものになる。

私は、現在の日本で大きな課題の一つは、無機質化の進んだ地域共同体の再建であると考えている。この書籍でも道州制に関連して地域社会を取り上げるが、そのとき重要なのが有機質な地域金融機関の存在だ。

米国では、かなり早い時代から、市民生活に密接な住宅金融にまで、無機質な金融が入り込んでいるようである。その究極の姿が金融工学であるといっては言い過ぎかもしれないが、私にはそう思えてならない。

一方、世界には政府系を中心に、巨額の投資基金が存在する。巨大だが無機質な宝の山だ。しかし、そこは完全に金融工学の世界であり、ゼロサム・ゲームの要素が強い世界である。これから日本の大銀行、大証券のビジネス・モデルをどう描くか。改めて機会をつくり、読者各位と考えてみたい。

なお次章は、ひとまず足元の世界経済、日本経済を展望する。

第三章

足元の世界経済、日本経済を展望する

先進国経済圏で気掛かりなユーロとEUの帰趨

この章では、まず金融危機後の足元数年間の世界経済と日本経済を、中期的に展望しておこう。

このうち世界経済は、先進国経済圏と新興国経済圏とに分けて考察する。この二つは、全く異なる動きをすると考える。

そこで、まず先進国経済圏、このグループは、さらに日米欧がそれぞれ固有の動きをするが、全体としては危機の後遺症は考えられているよりは長引くと予想する。その間、波は覚悟が必要だ。ギリシャ問題に象徴されるEU（欧州連合）の問題も、箇単には片付かない。

米国は、今回の世界的経済危機の火元であり、現実に被った損害も最大であった。米国が火元である理由は二つ。一つは、しまりのないサブプライム・ローンで住宅価格のバブル発生とその崩壊を起こしたこと、もう一つは、関連のリーマン・ブラザーズを救済せずに、破綻させたことである。

しかし、米国政府は、リーマン・ショック発生後、直ちに8000億ドルの財政資金を投入、危機のそれ以上の拡大を押さえ込んだ。彼らの金融経済の本質については前回にふれたが、彼らは再び金融資本主義で立ち上がるつもりでいる。

もちろん、次に述べる欧州からの余震は考えられるが、これがユーロ破綻につながらないかぎり、米国にとって致命的なことではない。むしろ問題は投資家の抱え込んだ巨額の損失だ。米国を含む世界全体に各種投資基金が存在する。その総額は数百兆ドルに達するだろう。その彼らにどの程度の損失が発生したのか、実態は明らかではない。だが、これも、現在それぞれの投資家の自己責任ということで、片がつきつつある段階だ。

なお、米国としては、実体経済面でサブプライム・ローン全盛時代の需要がはげ落ちることになる。少しスリムな体型になり、その影響も出るだろうが、脱工業化の米国にとっては、それほど大きな問題ではない。

さて、そこで問題は欧州である。日本ほどではないが、ドイツを中心にモノづくり面での欧州の実体経済は、米国との関係が深い。そのうえ、金融経済の体質も、日本よりははるかに米国的である。ということで、彼らにとっても、今回経済危機の影響は小さくなかった。

しかし、問題はそういうさ細なことではない。EUが瓦解するかどうかという問題である。もしここでEU破綻ということになれば、それは、それこそ三百年に一度の世界危機ということになるだろう。

ここに詳細を論じる余裕はないが、ギリシャ問題の表面化以来、周知のとおりユーロが大きく揺れている。不参加国もあるが、ユーロが域内の共通通貨であるにもかかわらず、EUとしては域内共通の経済政策を持たない。ユーロだけが一人歩きをしていた。そこに今回共同体としての弱点が露呈したのだ。

財政の行き詰まりが懸念されている国は、ギリシャだけではないという。しかし、その実態は明らかではない。EUとしては、金融秩序堅持のために万全の体制を整えたというが、はたして第二、第三のギリシャは発生しないのか。

仮にいっそう困難な状況に遭遇した時、ドイツやフランスなど強国の国民がユーロ存続を支持するかどうか。ここが大きなカギだ。もしユーロ制度が破綻すると、それはEU自体の破局を示唆し、その時、世界は大混乱に陥る。EUには、第二次大戦前からの前史も含め確たる歴史がある。したがって、ドイツもフランスも、主軸国のリーダーは、そうはならないよう最大限の努力を続けるだろう。

さて、わが日本は、この後の方で別途取り上げる。ここでは、金融危機との関連についてだけ簡単にふれておく。

わが国経済は、よく指摘されるように外需依存型のため、GDPの落ち込み幅は主要国の中では一番大きかった。しかし、すでに回復過程であるので、ユーロの問題さえなければ、この危機との関連での大きな揺り戻しは、もうないと考える。

今後の課題としては、銀行の自己資本比率規制（いわゆるBIS規制）強化への対応がある。すでに見てきたように、日本と欧米とではその銀行機能に大きな相異があるが、ここのところが欧米の関係者にはよく理解されない。BIS規制も各国一律の話になるので、日本の関係者は苦慮している。なお、米国は新たな金融規制法を制定、その強化を試みている。

金融危機の台風一過、日本の金融関係者も、そのビジネス・モデルに手を入れなければならない。金融は経済のインフラストラクチャーであるので、このことは経済活動全体に影響してくるのである。

新興国経済圏が世界を支える側に回る

さて、世界の経済圏を先進国と新興国の二つに分けたので、次に新興国経済圏に入ろう。

と、ここまで書いてきて、さてと困るのは新興国の定義である。ここでは、ひとまず先進国に次ぐ経済発展をしている国ぐにとしておこう。実は、一年余り前から、私は世界史としての国際社会の流れを、G8からG20への時代と認識している。

これは金融危機を契機としたサミット参加国の変化を表しているのだが、私は、ここで明らかに国際社会は変わったと思う。ちなみに、G8はこれまでの主要国サミットだが、金融サミットと呼ばれるG20に新たに加わった国は、中国、インド、ブラジル、韓国、メキシコ、オーストラリア、南アフリカ、インドネシア、アルゼンチン、トルコ、サウジアラビアである。総数で二十に足りないのは、ＥＵが別途一地域機関として数えられているからだ。

これらの新規参加国は政治的判断から決められたもので、社会的発展段階に差はあるが、経済的にはいずれも健全に成長しつつある。

新興国という観点から、この東アジア社会で、もう一つのグループを指摘しておこう。それは先進国日本を含めるが、いわゆる日中韓とＡＳＥＡＮ（東南アジア諸国連合）各国、それにインドと台湾を含めた地域、インド以東の東アジア経済圏である。ここで台湾を忘れるわけにはいかない。ＡＳＥＡＮ十カ国は、二〇一五年に共同体を誕生する準備を進めている。

この東アジア経済圏については、すでに第一章で、近未来に世界一の経済圏になるだろうと紹介させていただいた。

この新興国の中で、一つ気になるのが中国である。高い成長率を維持しているが、このまま続くのかということである。おそらく上海万博終了後に、一度調整局面に遭遇することは避けられないだろう。成長率はある期間一〇％を割り込むと思う。しかし、この国は、市場経済化といいながら、政府によるかなり強い社会主義的計画経済性が働いているので、大きく挫折することにはならないと思う。

中国に対しては、日本のビジネス界の中で好き嫌いの差が大きい。私は、こと経済に関しては淡白な気持ちで見ておいた方が、判断を間違えないと思う。

そこで、新興国経済圏全体についてであるが、私は、その成長力は相当に強いと見ている。もちろん、中核となる動機付けは、工業化、情報化である。テロその他の内乱がなければ、各国ともそれなりの成長を続けるだろう。

かなり雑な表現になるが、ＥＵのユーロの危機などを含め、世界が今回のこの金融危機を全体としてひとまず脱する時期を、二〇一〇年代の半ばとしよう。もちろん、個別国の固有の問題は別である。日本が一五年までにデフレを脱却するといっているのではない。

その時点で、世界地図は大きく塗り変わる。新興国圏が成長しているのである。もちろん、これは経済についてであるが、新興国は、政治的発言力もかなり強めるものと思う。

日本は一日も早くデフレからの脱却を

それでは、話題を日本に移そう。日本は、いつ、この世界的金融危機に端を発した不況から脱出できるのか。

お気づきのように、この設問ほど愚問はないのである。先日も、ある研究会で著名な学者を招き日本経済の見通しの話を聴いたが、冒頭で景気の局面の説明が出てきて、がっくりしてしまった。二〇〇〇年代に入りいわゆる「いざなぎ」を越す景気拡大期があったが、その山は〇七年第一・四半期で、〇九年第一・四半期、すなわちリーマン・ショックから数か月後がそのピークからの後退局面の谷であったというのである。

しかし、現在、経済に関係のある人、例えばビジネス・パーソンにとり強い関心があるのは、この日本は、いつデフレ不況から抜け出せるかということではないだろうか。この十年間、足元の波乱を別にすれば、日本の実質GDP成長率は、一%台か、せいぜい二%少々であった。私たちは、これをデフレ不況と認識している。

日本経済のこの金融危機からの脱出ということであれば、それはＧＤＰの規模がリーマン・ショック以前に戻るということになる。その時期をあえて予測すれば、ＥＵの混乱がなければであるが、多少の波はあってもこの二、三年のことだろう。

しかし、それは景気回復感を伴わない元の低成長率に戻るということにしかすぎない。それで本当にいいのだろうか。起点終点の取り方によるが、過去二十年間で見てもゼロ成長で、失われた二十年であった。実質成長率でわずかなプラスになっても、その大半は物価下落で帳消しにされてしまっている。それにもかかわらず、それで可としようというのであろうか。

現在の日本は、決して明るくない。それは長期にわたり景気が低迷しているからだ。なぜか。それは、経済の基調にデフレがあるからではないか。

私が日本経済新聞の経済教室欄に、「円高放置、デフレ危機招く」を書いたのは、一九九五年五月十日のこと。時代背景に、その数年前のわが国のバブル崩壊があった。そのころから今日まで二十年間、ずっと物価下落が続く正確な意味でのデフレ状態にあるわけではない。だが、私は、日本経済は今日なおデフレ基調にあると考えている。

当局は、デフレに対し、その時その時の状況に応じ機敏に対応してくれたであろうか。デフレ対策は大きく分けて二つ、財政政策と金融政策とがある。民間の立場からいえば、双方にがんばってほしいのだが、今日の財政に大きな赤字の制約があることは国民もよく承知している。それだけに、金融政策への期待が大きいのだ。その担当は、いうまでもなく日本銀行だ。

『財界』二〇一〇年九月七日号書評欄の評者として、私は世界的学者である浜田宏一・イェール大学教授が共著者の一人である『伝説の教授に学べ！ 本当の経済学がわかる本』を取り上げた。

その著書の中で、浜田教授は、(欧米では)「デフレになったら、まず金融政策を使ってデフレ脱却を図ろうと考えるのが当り前」だという。いまの日本銀行は、その本来の任務、マクロ経済政策という「歌」を忘れたカナリヤのようなものだとして、白川方明・日銀総裁に、白川君、忘れた「歌」を思い出してください、と訴えている。

具体的には、例えば、リーマン・ショック以降、各国が金融緩和に大わらわであるときに、日本銀行は、金融政策をほとんど変化させない。そのために、日本円の独歩高になり、日本のデフレはいっそう深刻化したと指摘している。

私は、たまたま浜田教授とほぼ同い年だが、私ぐらいの年輩になると、近年の経済団体は、なぜこんな大人しいのかと思う。もっともっと大声で、政府や日本銀行に注文をつけてもいいのではないか。経済界も積極的に論争してほしいのである。

かくも広大に広がる「日本丸」のフロンティア

話題が少々固くなった。船上に出て、少し肩をほぐそう。残念ながら、船足の遅い「デフレ基調」は、もうしばらく続きそうだが、中国が予想されるリセッションを越した後、東アジアの船団全体は勢いづくはずである。仮に、それを遅くとも二、三年後のこととしておこう。

デッキの上からは、この、わが「日本丸」の行く手にも、ニュー・フロンティアが見えるはずである。もちろん、甘いフロンティアばかりではない。厳しいフロンティアもあるが、それをチャレンジする目標と考えるかどうかである。

例えば一例を示そう。私たちが聞き飽きた高齢化は、ただの高齢化ではない。世界中の先進国の最先端を走る超高齢化なのだ。実は、日本がこの課題をどうさばくか、日本に続く先進国群がじっと見守っている。ここは難易度の高い技を演じてみせよう。日本独自の社会保障体制をどう構築するか。もちろん、日本が得意とするモノづくりの先端技術も駆使するのだ。

大きなポスト工業社会化に含まれる情報社会化も、私たちはまだその門口に立ったばかりである。ケイタイやｉＰａｄや三次元映像で終わる話ではない。もっとスケールの巨大な社会文化の大革命なのだ。さらに、人類は、いま地球環境に取り組み始めたところだ。遠慮はいらない。日本が先頭に立って自然エネルギーにチャレンジしよう。

そして、くどいようだが、もう東アジアの時代は始まった。

これらをフロンティアと見るかどうか。私は将来の話をしているのではない。これらは、日本経済にとっても足元の話だ。これから順次取り上げたい。

だが、その前に、次章は財政について読者各位と問題意識を摺り合わせておきたいと思う。

第四章

放置すれば「日本丸」は沈没する

国民は財政の問題を実によく知っている

いささか重いテーマをお許しいただきたい。

いつも研究会の仲間たちと日本のテレビ番組の水準の低さを嘆いているのだが、ふとそうではないことに気づいた。街頭で突然テレビのマイクを向けられた通りがかりの人たちが、(当然放映前にテレビ局の編集作業があるのだが、それにしても)実によく財政の問題を知っているのだ。日ごろの番組こそ程度は低いが、各種アンケート結果などを合わせて総合判断すると、国民の問題意識はかなり高いのではないか。

その要点は、①日本の財政は大赤字である、②このままでは、ギリシャのようにやがて国の運営が破綻する、③これを食い止めることは、国民自身の課題である、などなどである。

②と③については、もちろん読者も私も含めてだが、ここでいう国民の間で、考え方にある程度の幅はある。②については、かなり差し迫った問題であると思っている人もいれば、もう少し先の問題ではないかと構えている人もいる。③については、最終的には国民自身の課題であるが、その前に、政治や行政のやるべきことがいろいろあるのではないかと主張している人は少なくない。

そこで、まず私の考えを簡単に述べておこう。ここでは、大きな潮の流れを論じようとしているので、数字は大まかに表現させていただく。

①については、ほとんどの国民が財政赤字を認識しているが、念のためその大きさを示しておこう。現在、政府債務の対名目GDP比率は一七〇%である。ちなみに、日本を除く主要先進国では、イタリアが一二〇%で目立つ存在だが、他の欧米諸国は、これまでのところ一〇〇%をかなり下回っている。

日本のばあい、問題は、国債の元利払い費を除いた基礎的収支、いわゆるプライマリー・バランスが、いまだに黒字化の目途が立っていないことだ。家計に例えれば、収入から生活費を差し引くと赤字になり、住宅ローンの元利払いもサラ金への返済もできないようなものだ。

次に②についてだが、私もそれがいつということは、予測できない。ここ二、三年内ではないだろうと思っている。

しかし、はっきり言えることは、問題は予告なしに突然発生する。国債が国際市場で急暴落するのだ。そして、国の機能が半分麻痺する。この問題は、もう時が迫っているのである。

対策は、一日も早く国として基本的な考え方と手順を決め、対応の第一歩を踏み出すことである。幸か不幸か、まだ市場では経済の基盤である日本円の評価は高い。円高がこのことを示している。だが、それは、ドルとユーロに対し、消去法により円が残っているだけだ。むしろ、アングロ・サクソン系のファンドが、虎視眈眈と円を襲う機会を狙っていることを忘れてはならない。彼らは飢えている。

そこで③についてである。ここは、政治が姿勢を正さなければならないところだが、同時に、②のような状況であるので、国民にも事態の深刻さを理解してもらわなければならない。

いくつかポイントを示そう。

まず第一に、政治としてやるべきことを先にというのは、そのとおりと思う。しかし、その結果絞り出される金額と問題の赤字とでは、後者の方が桁違いに大きいことは知っておかなければならない。現実問題としては、政治改革と財政改革を同時に進めるしかない。

第二に、問題は過去に累積した巨額赤字とこれから発生する赤字と、二種類あることを承知して話を進める必要がある。

第三は、社会保障との関連だが、この課題は、社会保障のそもそも論と、その財源問題とがある。前者は国のあり方、その姿を問う問題であり、後者は、いまや財政の中心的課題であるので、そのように位置づける。

この第二と第三とは、読者各位と次節以下で考えたい。

問題はこれからいっそう拡大する覚悟が必要だ

ここで、この問題に関係するもう一つの重要な数字、国民負担率にふれておこう。

国民負担率とは、国民の租税負担と社会保障負担との合計の国民所得に対する比率をいう。

指摘したいことは、わが国のそれが約四〇％と低いことだ。これまで公的医療保険が整備されていなかった米国は三〇％台だが、これは例外として、欧州ではドイツ、フランスなどが五〇％を超し、福祉国家のスウェーデンが七〇％である。

これらは、現在、日本の財政が大きな赤字を出している原因と深く関係していることだが、ここでは、ひとまずこの数字を頭に置いておくとしよう。

さて、そこで、もう一つ日本の特殊事情に着目しておかなければならない。それは、足早に進む少子高齢化である。少子高齢化は、ある程度先進国に共通した傾向というが、日本はその動きが特に急である。

私は、少子高齢化を長寿化と少子化と二つの現象に分けて考えている。日本は世界で一、二を競う長寿国だが、団塊世代が間もなく六十五歳に達する。一方、主要先進国の中でも合計特殊出生率（女性一人が生涯何人の子供を産むかの推計値）が約一・三と目立って低い。

まず前者。団塊の世代は周知のとおり堺屋太一氏の造語。戦後一九四七（昭和二十二）年から四九年の間に生まれた世代を指す。人口ピラミッドで突出した世代だ。この世代がこれから六十五歳に達する。日常生活上の個人差は大きいが、わが国の制度上あるいは国際社会の考え方としては、この年齢が一つの区切りと考えられている。すなわち、これから数年で、大きな世代が現役の側から高齢者の側に移るのである。

次に後者。わが国の人口ピラミッドは、実はもうピラミッドとはいえない。現在、ちょうどひょうたんを逆さにした形になっている。上の大きなふくらみが団塊世代で、下のふくらみがその子供たち、団塊ジュニアの世代である。その下は、出生率一・三ということで、すっと細くなっていく。

三十年後に団塊ジュニア世代が高齢者になったとき、誰がその世話をするのだろうか。

これが、いまの日本の姿形だ。

以上、繰り返しになるが、もう一度わが国財政の特殊な問題点をまとめておこう。

第一に、財政には、主にバブル崩壊後二十年間で累積された巨額な赤字がある。第二に、現状でも赤字が続いている。これを解消する目途は立っていない。第三に、早いテンポで高齢化が進んでおり、今後は国全体の生産力が落ちる一方、社会保障負担が大幅に増大する。第四に、三十年後ころまでには、労働力人口が激減するだろう。どう考えても、遠からず満足な国債発行がむずかしくなり、このままでは財政が破綻する。「日本丸」が沈没するのだ。

しかし、船は外洋へ出たばかりだ。執筆者の私としては、ここで沈没させるわけにはいかない。読者各位と、対策をいろいろと話し合っていきたい。

日本は社会保障に対しどういう哲学をもつか

問題をここまで整理してくると、超楽観論者は別として、それでは歳出をどうするか、歳入をどうするかという議論になるだろう。私は、この財政収支の問題については、まず、その前提となる社会保障そのもののあり方を考えるところから入りたい。なぜならば、この問題は前述のとおり国のあり方、その姿を問う問題であるからだ。

もちろん、この問題もつまるところ財政収支との兼ね合いになることは言うまでもない。だが、その議論の前に、社会保障に対する基本的な考え方、哲学を確立しておきたいものだ。

なお、大辞林によれば、社会保障とは「国家が国民の生活を保障する制度」であり、福祉とは「社会の構成員に等しくもたらされるべき幸福」である。同じ次元で比較されるべきことばではないが、福祉制度は、児童や身体障害者など社会的に弱い立場の人たちに対する制度が中心であり、社会保障には社会保険の思想が含まれていて、福祉制度を包む、より広い制度概念のことばといえる。

以下、社会保障を中心に考えていこう。わが国で特に規模の大きな役割を果たしているのが公的年金（国民年金保険など）、医療保険（健康保険など）、介護保険である。公的年金、医療保険は、現行制度の基礎が約五十年前に築かれた。また介護保険は十年前に発足した。

先に国民負担率四〇％の話にふれたが、その半分以上がこれらの社会保障費用に当てられている。財政の一般会計の費目別で見ても、公共事業、文教・科学、防衛関係と比較しそれぞれの四倍から五倍で、圧倒的に大きい項目である。

国民の立場から、各人その制度運用に対し不満や注文はあるかもしれない。私にもある。しかし、この社会保障制度全体については、七、八割の国民がその必要性を認めていると思うが、どうであろうか。

もちろん、問題は多々ある。

ご存じの読者も多いと思うが、年金には、自分で積み立てた資金を年金として自分が受け取る積立方式と、現役世代の所得がその時代の高齢者に年金として所得移転される賦課方式とがある。現在の年金はかつて修正積立方式と呼ばれる時代もあったが、その性格があいまいである。そのうえ、五十年前には予想もできなかった長寿化で、わが国の年金制度は、いまその基本構造の改革を迫られているのだ。

平均寿命の上位5カ国・地域(単位・歳)

男性			女性		
1	カタール	81.0	1	日本	86.4
2	香港	79.8	2	香港	86.1
3	アイスランド	79.7	3	フランス	84.5
3	スイス	79.7	4	スイス	84.4
5	日本	79.6	5	スペイン	84.3

資料は厚生労働省まとめによる

医療保険にも問題は多い。詳細は割愛するが、日本では、支払能力の格差が医療格差をもたらさないように、原則として混合診療(保険診療と保険外診療の併用)を禁止してきた。しかし、そのことが、近年では患者ニーズ多様化への対応を妨げ、ひいては先端技術産業である医学の進歩の障壁になっている点が指摘されている。

介護保険制度は、発足からまだ間がないが、国民のこの制度への期待は大きく、それだけに問題も発生している。この制度については、別途地域社会に関連して私の考えも述べたいので、ここでは控えさせていただく。

ビジネス・パーソンが議論の中心に立とう

前節で、わが国社会保障制度のごく概要についてふれた。次の問は、この現行制度をどう評価するかである。問題点が多いことについては述べたが、それはこれからの課題として、その規模、位置づけについては、現行制度でやむをえないとお考えの読者が半数ぐらいではないかと思うが、どうであろうか。

私は、日本の社会保障制度は、これからも、水準としては大筋こんなところではないだろうかと考えている。

別の表現でいえば、金融資本主義の社会文化をもつ米国のような行き方、公的医療保険制度導入に対してすら強い社会的抵抗のある自己責任主義は、日本にはなじまないと思う。

さりとて、この期に及んで、北欧のような福祉大国でもあるまい。もっとも、その北欧ですら理想郷ではないという、朝日新聞（一〇年七月二十一日付）声欄への投稿を見つけた。スウェーデン在住の小学校教員フス恵美子さんは、「毎年一時帰国するたび、日本で、福祉大国の理想郷としてスウェーデンが語られることを苦々しく思っています」という。就学前の幼児教育についてはないに等しく、生活についても、将来への安心から貯蓄が不要というのは誤った解釈であるという。

ということで、見方、考え方はいろいろあるだろうが、日本の将来の姿につき過半の国民が合意できるのは、ドイツ、フランスのような欧州のふつうの国並みということではないだろうか。私自身、手元に詳細な資料を持たず、読者各位にも直感的な判断を求めるような話で申し訳ないが、そう思う。

話を先に進めよう。

欧州のふつうの国並みということにすると、現状で比較して、すでに述べたように日本は国民負担率を最低一〇％ほど引き上げなければならない。この数字は、ざっくり言って、消費税率換算で一五％になる。消費税率という名の付加価値税を、多くの平均的先進国並みの二〇％まで引き上げるという話である。

そのうえで、くどいように繰り返すが、わが国財政には過去の巨額の赤字残高があり、足元のプライマリー・バランスは赤字、さらに近未来の超高齢化による社会保障費の大幅増大という大きなハンディキャップを背負っているのだ。

詳しく述べる余裕はなくなってきたが、国の貸借対照表によれば、国は数百兆円の金融資産や固定資産を保有している。一度その見直しをし、大胆な決断が必要だが、その半分でも手離すことができれば、負債側の国債と併せてバランス・シートをスリム化することができる。プライマリー・バランスの黒字化とともに検討すべきだ。

さて、日本の国民は、いま新しい国の姿づくりに取り組もうとしているのだ。国の実状にふさわしい社会保障制度の構築である。社会保障関連費が財政支出の大きな部分を占めていることは、すでに述べた。ここでは、まさに国民的議論が必要なので、単なる消費税率引き上げの問題ではないのである。

日頃、経済活動を通じ社会の実状、国際情勢に明るく、数字にも強いビジネスマンやビジネスウーマンに、ぜひこの議論の中心に立ってほしいのだ。政治家や官僚に任せっきりでは、日本は決してよくならない。

私としても、この問題にもう一歩踏み込みたいが、その前に日本社会の戦後の流れについて少しお話させていただきたい。

第五章

資本主義対資本主義を考える時代に

なぜ戦後を問うか

日本のすぐれて今日的問題を考察するのに、なぜ終戦時までさかのぼるのかという気もする。しかし、やはりその構図は終戦時に始まったと考える。終戦を始点とする戦後なしには、日本の今日的問題は論じられない。

いろいろなことを書き連ねていくうちに、もちろん考えがあってのことだが、自分なりの習慣やくせがついてしまった。読者には多少ひっかかるところがおありかもしれないが、お許しいただきたい。

第一章で、アジア太平洋戦争という表現を用いた。

私が国民学校に入学したころは、大東亜戦争と呼んだ。それが終戦間もなく、太平洋戦争と呼ばれるようになった。しかし、近年東アジアとの関係が緊密になってから、私は、あの戦争を太平洋戦争と呼ぶことは少し片寄った考え方ではないかと思うようになった。私自身は、その本質を考えて、アジア太平洋戦争と呼ぶことにした。もう一言いえば、ふだんは終戦とはいわず、はっきり敗戦と表現することにしている。

この本で大きな主役を務めるのが、すでに登場ずみだが、団塊の世代である。私にとって、彼らは社会人になってその存在を意識するようになったのだが、大切な後輩であり、かつて職場では非常に頼りになる同僚であった。いまでも、大勢の団塊世代とは研究会仲間である。ほとんどの彼らは、まだ現役でがんばっているのだ。

さて、あの一九四七年から四九年生まれといえば、食べる物も着る物も、住む所も満足になかった時代である。お父さん、お母さんは、本当によくがんばってくれたものだと思う。

ここで、あえてこの世代の誕生にもう一度ふれたのは、そこに、平和の到来ということに対する当時の国民の率直な、大きな喜びが表れていると感じるからである。もう読者の中でも少数派になってしまったが、あの原子爆弾や大空襲を直接に体験した者にとっては、終戦によって、日本は間違いなく新しい時代を迎えたのだ。日本の近現代史において、明治維新とアジア太平洋戦争の終結とが二つの画期的な時代区分であると考えることには、あまり異論はないだろう。現在は、そのアジア太平洋戦争後の時代が続いているのだ。

ここで、この時代の軸となっている三つの要素について、今後の行く手を展望しておきたいと思う。このことが、日本の近未来を描き、これからの私たちの課題を明らかにすることに役立つと考えるからである。

その三つの要素とは、今日的問題にかかわる平和主義、五五年体制、経済立国である。

平和主義は、米国の核の傘の下で実現したものである。戦後政治の象徴であった五五年体制は、すでに崩壊してから久しい。だが、ポスト五五年体制は実現していない。経済立国は、経済大国としてその頂点を極めたが、いま転機にある。

以下で、この三つの今日的意味を検証しておきたい。

戦後日本の時代軸（1）　日米安保下の平和主義

まず平和主義であるが、これが具体的な姿となったのは、一九四七（昭和二十二）年に誕生した日本国憲法（いわゆる新憲法）による。新憲法は、周知のとおり、占領軍各国の中心となった米国の強い影響力のもとで制定された。

この憲法は、民主主義を指導原理とするもので、憲法学者宮沢俊義の著書『憲法』（有斐閣）によれば、それは、「内においては民主政治を確立し、外にむかっては平和国家を建設することが、その根本の狙い」であった。

ここでいう民主政治は、基本的人権や代表民主制を説いたもので、これは当時の国民にも理解されるものであった。日本はすでに大正デモクラシーを経験し、学識者の間では、民主制につきかなり高度な議論もおこなわれていた。しかし、その基礎である主権在民の前提としての天皇の「人間宣言」は、多くの国民に大きな驚きを与えた。そういう時代であったのだ。

だが、これら民主政治の基本は、私は永遠の原理であると考えているので、時代軸には数えない。今日的問題は、平和国家の方だ。その具体的内容である。団塊世代の誕生すでにふれたように、国民が最も喜んだのは平和の到来であった。平和国家の実現とは、具体的には国家の非武装化（戦力を保持しないこと）である。この平和国家実現の由来を、ここでは新憲法に求めたが、私は、当時の国民の総意がそこにあったと信じている。

一方、わが国の新憲法制度とオーバーラップするかたちで、世界では、東西の対立が始まっていた。英国のチャーチルが、東西冷戦の予兆を「鉄のカーテン」と表現したのは、一九四六年のこと。五〇年には、朝鮮半島で動乱が勃発した。

こうしたなかで、米国は日本との講和（友好国のみによるいわゆる多数講和）を急いだ。五一年九月にサンフランシスコで対日講和会議が開かれ、同時に日米間では安全保障条約が締結された。この日米安保条約は、日本およびアジアの防衛のために日本に米軍基地を置き、講和条約後も米軍が駐留するというものであった。日本が米国の核の傘の下に入ったのである。

ちなみに、沖縄が米軍基地付きのまま返還されたのは、講和条約から約二十年後のこと。普天間基地問題はその延長線上にあるのだ。一方、ロシア（旧ソ連）との北方領土問題は未解決のままだ。このように、日本の戦後はまだ続いている。

その終戦直後期、長い間首相として主役を務めたのは吉田茂であった。彼は、一貫して軍備費の負担を軽くし、経済復興を急ぐという戦略をとった。

今、手元に吉田の書いた『日本を決定した百年』(日本経済新聞社)という本がある。その中で、彼は「再軍備に対して私は正面から反対した。なぜなら、日本はまだ経済的に復興していなかった。(中略)そのようなときに、軍備という非生産的なものに巨額の金を使うことは日本経済の復興をきわめて遅らせたであろう」といっている。

吉田の選択したこの軽武装・経済発展の路線、一種の消極的平和主義は、今日まで続いている。国政選挙の結果によれば国民もまたその路線を支持していたことになる。ただし、吉田自身には、この路線によってもたらされた「国のかたち」について、忸怩《じくじ》たる思いがあったとも伝えられる。

かくして、日本は経済大国になった。

それでも東西冷戦時代は、日本が経済大国であることは西側陣営にとり一つの大きな力としてプラスであった。しかし、その冷戦も八九年に終結した。世界は大きく変わったのだ。

かつての西側は、民主主義圏として、内部的には戦争を放棄しあった不戦共同体を形成していた。一方、崩壊した共産主義圏、かつての東側も民主主義化が進みつつある。これに新興国の成長も加わって、徐々にではあるが、この不戦共同体の拡大が展望される。世界が一つの社会秩序にまとまって、地球環境など、人類の新しい課題に取り組もうとしているのだ。

もちろん、バラ色の話だけではない。その国際社会で、私たちは、ならず者国家や国際テロリストに悩まされている。現代の深刻な課題であるのだ。

この大きく変わった世界で、日本はどのように生きていくのか。これが、国民の今日的課題である。もう、消極的平和主義の衣をつけた経済立国では通らないだろう。先進国として、経済力の強い国として、一歩踏み込んだ国際貢献、積極的平和主義の姿が具体的に求められているのではないだろうか。

戦後日本の時代軸（2）五五年体制後を考える

五五年体制とは、多くの読者がご存知と思うが、一九五五（昭和三十）年に登場した戦後政治の枠組みである。終戦直後の混乱期は、この体制の前史と位置づけることができる。

五五年秋、左右両派に分裂していた社会党の統一に保守陣営は危機感を高めていたが、過半数議席を確保できる保守政党の誕生を強く望む財界の要請もあり、吉田茂の自由党と鳩山一郎の民主党が合同、自由民主党が誕生した。五五年体制とは、一般にこの自民党と社会党の二党による政治体制を指す。

発足時は、自民党が衆議院で過半数を押さえ、社会党も三分の一議席を確保した。自民党の過半数はもとより同党の政権基盤であったが、社会党の三分の一は、保守勢力による憲法改正を阻止するものであった。

終戦直後は、ソ連共産主義の影響を受け極左勢力の強い時期もあり、社会的に不安定であったが、五五年体制出現時には比較的安定した時代を迎えていた。国民も、国政選挙を通じ各党の獲得議席数を微妙に操りながら、この体制を支持した。

一見、強い資本主義対弱い社会主義の構図に見えるが、高度成長期で財政にゆとりのある時代、官主導で手厚い、今日的にいえば脇の甘い社会保障政策が実現していった。一方、生産面でも、戦時戦後の計画経済的名残りが強く、後年、西側の世界的な規制緩和が進むなかで、日本は自由化に後れをとった。

こうしたなかで、二党体制の安定が乱れたのは、主に高度成長を終えた七〇年代半ば以降のことだ。中曽根康弘首相時代に日米関係強化などはあったが、総じて自民党政権の弱体化が進み、単独では過半数を割ることもあった。革新陣営も、社会党は早い段階で単独の三分の一議席には届かなくなっていた。五五年体制が終焉を迎えたのは九三年、宮沢喜一首相のもとで自民党が衆議院選挙に大敗した時である。自民党は壊滅的打撃を受けた。しかし、注目すべきは、その時点で革新勢力も崩壊したことである。

このことは、国民（有権者）として政策の対立軸を失ったことを意味する。時あたかも、世界では冷戦が終結した。

もう、資本主義対社会主義の時代ではあるまい。コンクリートからヒトへという幼稚なことでもないだろう。安全保障や国際協力をどうするか。もちろん教育、経済、社会保障をどうするか。しっかりした哲学に裏打ちされた、ポスト五五年体制を支える大きな政権構想が、どの党からも見えてこないのが今日の姿である。

これでは、国民として、どの船長に「日本丸」の舵を任せたらいいのか、わからないのだ。

戦後日本の時代軸（3）技術立国の経済大国

吉田茂が軽武装・経済発展路線を選択したというが、本来、これも決して安易な道であったわけではない。資源小国日本が経済大国の頂点を極めることができたのは、そこに戦後の恵まれた環境と国民の絶えざる努力があったからだ。

そもそも戦前に日本が自ら戦争に突入していった大きな理由の一つは、日本が資源小国であることにあった。しかし、戦後、地球上に膨大な石油が産出されるようになるとともに、西側先進国を中心に、自由貿易体制が確立されたのである。

世界で先進国が二度にわたる大戦を繰り返している間に、中東を中心に大量の石油資源が発見された。石油は、人類の経済に革命的な変化をもたらした。二十世紀の工業は、自動車産業を中心に発展していった。石油は、エネルギー源であると同時に、プラスチックや合成繊維など、数多くの素材の原料となった。後に述べる日本産業の工業化は、この波に乗ることになったのである。

石油の大量生産は、石油を、武力で奪い合う貴重な資源の立場から解放した。石油が、コモディティと呼ばれる、市場で買えるふつうの商品になったのだ。これは、資源小国日本にとっては画期的なことである。

戦後、西側の世界体制は、自由主義と民主主義を理念とする米国のリーダーシップによって築かれた。その一つがGATT（現在のWTO＝世界貿易機構はその後身）による自由貿易体制である。この体制により、海洋国家日本に大きなフロンティアが開かれたのだ。

さらに、日本は列島国家である。太平洋ベルト地帯が代表例であるが、列島の各地海岸が埋め立てられ、工業団地が造成された。造船技術の革新により超大型船の時代を迎えたが、沖合い千メートルまで埋め立てられたこれら工業用地には、深い水深を必要とする超大型の貨物船が直接に接岸できるのである。

これは驚異的なことである。世界中から最も安く買い集めた大量の原料を、超大型船から直接陸揚げする。そこにそれを加工する工場があるからだ。製品輸出も同じである。工場で完成した製品は、超大型の専用船やコンテナー船に工場からそのまま積み荷できるのである。もちろん、現代はＩＴの時代で情景は変わりつつある。高付加価値製品の輸送には航空機がどんどん使われる時代である。

そこで、もう一つどうしても見落とせないのが、産業技術の進歩である。あの「もはや戦後ではない」で有名になった五六年の経済白書は、生産性向上の必要性を強く説いた。ここを出発点として、戦後の日本経済は明らかに技術革新を目標とするようになった。日本の経済大国化は、自由貿易体制を基盤に技術立国の道程の成果として実現したものであった。

しかし、いま、その立ち位置が脅かされていないか。新興国に技術力で追い上げられ、加えて経済面でも大国化する中国の国内外における資源囲い込みで、自由貿易体制が危うくなろうとしている。次章は、日本の工業社会化時代にもう一歩踏み込んで考えてみたい。

第六章

工業社会化時代を謳歌した日本

戦後混乱期の農地改革から始まった日本の工業社会化

前章の戦後日本の時代軸を受け、工業社会化についてもう一歩踏み込みたい。どうも、この書籍のポイントの一つが、ここにあるように思う。もっとも、工業といっても狭くモノづくり産業にだけ限定するつもりはない。もっと広い概念である。

終戦時、マッカーサー（＝米国）の率いるＧＨＱ（連合国軍総司令部）による占領目的は、大きく分けて日本の軍備解体とその民主化の二つにあった。これらの目的達成のために、経済面では財閥解体と農地改革がおこなわれたのだ。ここでは、前者はすでに過去の歴史となったので別問題として割愛し、後者について述べよう。

戦前から日本農業の特質は地主制にあり、終戦時、小作農は、農家数、小作地共に全農業の半数近くを占めていた。今日的表現でいえば、小作農は貧農で、毎日の生活が苦しかった。

小作争議が多発するなかで、戦前から自作農創設政策がとられ、資本供給としての巨大な不在地主は徐々に減っていた。しかし、そうした状況下にあっても、在村地主はまだ農村の中心的存在であった。

このような歴史を背景に、終戦直後、ＧＨＱの指令により大胆な農地改革が強行された。不在地主は認めず、在村地主の保有限度も一町歩（北海道は四町歩。一町歩は約一ヘクタール）までとされた。強権発動による小作農の自作農化だ。これが農村の今日的姿の原型である。

この農地改革が、その後の農業の近代化や生産性向上を通じ、農村における貧富格差の是正、工業の発展する都市に対し農村におけるそれなりの豊かさの実現に寄与したことは否定できない。もちろん、その基礎には戦中からの食糧管理制度に加え、戦後導入された農業協同組合制度などを通じた政府の農業保護育成策があったのだ。

さらに、このような農業の向上が、工業地帯への労働力の供給、農村という広大な国内市場の形成によって、工業の発展にも大きく貢献したことを見落としてはならない。高度成長期を迎えてからは、戦後教育を受けた中学卒、高校卒の若者たち、主に二男や三男を乗せた集団就職列車が、全国の農村地帯から大都市へ向かった。団塊世代を中心に、その前後の幅広い世代による大きな人口移動だったのである。

一方、農家では、やがて残された家族の兼業化と高齢化が進んだ。手元の記録によれば、昭和三十年代末には、じいちゃん、ばあちゃん、かあちゃんの「三ちゃん農家」が話題になった。

その農業が、現在、国全体の構造改革の大きな障害になっていることは、改めて論じる。

そのころ産業界は技術革新に走り出した

前章、技術立国の話題の中で一九五六年の経済白書の話をした。その続きである。白書は、こういっているのだ。

「われわれは日々に進みゆく世界の技術とそれが変えてゆく世界の環境に一日も早く

自らを適応せしめねばならない。もしそれを怠るならば、先進工業国との間に質的な技術水準においてますます大きな差がつけられるばかりではなく、長期計画によって自国の工業化を進展している後進国との間の工業生産の量的な開きも次第に狭められるであろう」。

もはや戦後ではないとはいえ、終戦から十年、まだその余韻が強く残る時代であった。わが国の戦時中の空白期を計算に入れれば、先進国からは二十年以上の遅れではないか。それを、一気に先進国の技術に追いつこうという檄文《げきぶん》である。

当時、まだ学生であった私も、この白書からは強い刺激を受けた。池田勇人の「所得倍増計画」より五年も前の話だ。極端な表現になるが、そのころ、産業界は技術革新と設備投資に向けていっせいに走り出したのである。時あたかも、エネルギー源が石炭から石油に大転換した時代であった。

興銀に入行後、私はしばらくして外国部に配属になり、輸入為替を担当する課に入った。職場の先輩に、後に財界人としても有名になった諸井《もろい》虔《けん》がいて厳しく鍛えられた。職場全体の男女十数名で毎夜遅くまで仕事をしたものだ。それが許される時代であった。仕事はメーカーや商社が設備や素材を海外から輸入する為替手続き。いま思えば、それはまさに新技術そのものを輸入していたのだ。すさまじい勢いの技術導入であった。

日本人の強い技術志向がここにみられる。

ここで、古い話を一つ。戦争にからむことだがお許しいただきたい。司馬遼太郎の『坂の上の雲』にこんな話が出てくる。

日露戦争のまだ早い段階、黄海海戦の時のことだ。

「日本の砲弾は、下瀬雅允《しもせまさちか》という無名の海軍技師の発明したいわゆる下瀬火薬が詰められている。この当時、世界でこれほど強力な火薬はなかった。その爆発によって生ずる気量は普通の砲火薬の二倍半であったが、実際の力はいっそう強猛で、ほとんど三倍半であった。

（中略）日本の砲弾は装甲帯をつらぬかぬかわりに艦上で炸裂し、その下瀬火薬によってそのあたりの艦上構造物を根こそぎに吹っ飛ばすのみか、かならず火災をおこしてしまう」。

当時のロシアと日本とでは、工業力に、まだ大人と子供の差があった時代のことだ。多分、下瀬火薬の基礎には花火の技術もあったのだろう。今日でも、日本の技術力には、江戸文化の工匠のＤＮＡが引き継がれていると私は信じている。

次に、新しい話題。二〇一〇年夏、〇三年に日本が打ち上げた小惑星探査機「はやぶさ」が、宇宙の長旅を終え、予定より三年遅れで奇跡的に地球へ帰ってきた。途中幾多の大きな困難に遭遇したが、関係者の機転と執念で難関を切り抜けたという。この世界初の偉業は、国民に、劇的な感動を与えた。

回収されたカプセルが東京・丸の内で一般公開されたが、夏休みということもあり、連日入場制限するほどの人が押しかけたという。技術志向のＤＮＡは、ここでも次世代の子供たちにしっかりと引き継がれている。

技術は、一種の情報と置き換えていいだろう。日本の高度成長を支えたヒト（農村からの若者たち）、モノ（前回紹介した自由貿易体制）、情報（技術）と話をしてきた。次はカネの番、資金調達に入らせていただく。

国民の汗の結晶が事業資金として銀行に集められた

企業経営をするためには事業資金、とりわけ設備資金が必要である。ここでは、その設備資金を中心に話を進めたい。

戦後日本経済の大きな特色は、短期間に集中的に大型設備投資がおこなわれたことである。私が輸入為替の仕事で夜遅くまで働いた時代だ。この一九五〇年代後半から始まった設備投資のうねりは、経済白書で「投資が投資をよぶ効果」と分析された。

国全体でこうした大量の設備投資をするためには、当然そのための資金が必要である。当時のビジネス・パーソンの気持ちとしては、戦争で多大な設備を破壊され、終戦時にゼロからスタートしたばかりである。

今日のこのカネ余りからは想像のつかない話だが、各企業はもとより、国全体に資金が乏しい時代である。その乏しい資金が主に銀行を通じて企業に流れる、間接金融の時代であった。企業は銀行のお眼鏡にかなわなければ借入れもできなければ社債の発行もできないので、必死である。一方、銀行の方も、貴重な資金を少しでも生かそうと必死であった。

企業には、もちろん証券市場を通じて資金調達する直接金融の道もある。しかし、こちらも市場の前で長い行列に並ばなければならない。参考までに、いわゆる自己資本比率は、大手の上場企業でも十数％がごく当たり前の時代だったのだ。

間接、直接を問わず、資金の出し手は国民である。国民の高い貯蓄率が、戦後のあの大型の設備投資を支えていたのだ。ようやく経済成長へ一歩踏み出したとはいえ、まだ家族で食べていくことすら大変な時代だ。その貯蓄資金は、国民の汗の結晶といえよう。それが、経済大国への道程の一つのステップの役割を果たしたのである。

昭和30年代の日本興業銀行

当時は、まだ地方の人口が大きい時代。一方、税収は今日でも同じ傾向だが、企業本社の集中する東京や大阪で多く集まり、これが公共事業や交付金を通じて地方へ流された。

これに対し、企業の資金需要は都市に多く、なかでも規模が大きく貸出期間の長い大企業の設備資金需要は、東京や大阪など大都市に集中した。その資金を供給したのが興銀など長期信用銀行と信託銀行や生命保険など長期金融機関であり、旧財閥系の大手都市銀行であった。

長期信用銀行は、自らが発行する金融債が地方銀行など地域金融機関に保有されることにより、それなりに豊かな農村が存在する地方から、東京への資金の流れをつくった。

一方、大手都市銀行は、集めた預金よりも自行系列を中心にした大企業への貸出しが大きくなり、その不足分を恒常的に日銀からの借入れに依存するところとなった。都市銀行のこの状態を、当時はオーバー・ローンと呼んでいた。

このオーバー・ローンの姿は、国の金融の流れとしては成長金融の一環であり、専門的には、この日銀貸出しによって供給される通貨を成長通貨と呼ぶ。

しかし、一方で恒常的にオーバー・ローンに依存することは、民間金融機関経営の自主性を損なうことになり、また中央銀行である日銀の金融調節のあり方としても問題があるとされ、六〇年代の前半には新金融調節に切り換えられた。

この新金融調節方式とは、日銀が市中（具体的には民間金融機関）から政府保証付債権（政保債）を買入れる方式である。ちなみに、まだ戦後になってから国債が発行されていなかった時代であり、今日のような債権市場も存在していなかった。

なお、高度成長期における日銀にふれたが、政府の役割についても言及しておこう。政府は、この時代に、一つは開銀など政府系金融機関を通じて産業界に政府資金を供給すると同時に、もう一つは、各種審議会などを通じて、民間資金を基幹産業と呼ばれる分野に誘導する機能などを果たした。

要するに国の総力をあげて国民の貴重な資金を経済成長のために投入したのだ。いまから思うと、「日本的社会主義経済」の一つの姿であったと思う。

技術革新の先に人類未知の新しい世界が開けるだろう

日本の現代史にとり、高度成長は、それが世界第二位の経済大国にまで登りつめたということでビッグイベントであった。しかし、この説明では単なる後講釈にすぎない。現実にこれを体験した者には、それは生活文化の驚異的革命であり、そこに大きな感動があったのだ。

ドイツも戦争に敗れたが、その西側ドイツの奇跡的な復興ぶりが、話題になった。これを追うようにして高度成長したのが日本である。しかし、この両者には質的な差があったと思う。

第二次大戦時、ヒトラーのアウトバーン建設に見られるように、ドイツの工業化は、すでにかなり進んでいた。これに対し、日本は、戦後大規模な農地改革があったことからもわかるように、まだ半ば農業社会の時代であった。したがって、ドイツでは、まさに戦後復興が工業社会の復興であったが、日本では、戦後の復興がそのまま経済の本格的な工業社会化につながったといっていいだろう。

しかも、この間、先進国により、工業の分野でかつての産業革命を上回るほどの技術革新が進められた。その動機は、一つは東西冷戦時代における両陣営間の競争であり、もう一つは、西側陣営内における自由貿易による各国間の競争であった。

特に西側陣営については、時代の後半、その技術力競争で、日本や西ドイツがしばしばトップランナーの役割を果たした。もちろん米国も、原子力やコンピューターの先端技術力で、常時トップランナー・グループの一席を占めていたことには、言及しておかなければならない。

周知のとおり、一九八九年秋、ベルリンの壁が開放された。東西冷戦は、この技術力競争の視角からいえば、陣営内で競争原理が働かない東側の技術力が、西側のそれに追いつかなくなることによって終結したのだ。

今回の見出しである「工業社会化時代を謳歌した日本」とは、ここまでの状態を指す。日本の経済力が西側の力であったことはすでに述べた。この東西冷戦終結で、日本の国際社会における地位は大きく変わったのだ。私たちは、このことをよく自覚しておかなければならない。

ちょうどこの直後に、日本のバブルも崩壊した。そして、日本は、いつまで続くかわからないが、ひとまず失われた二十年の時代に入っている。気がついてみれば、得意な産業技術力の面でも、新興国にどんどん追い上げられているのだ。

どうする、「日本丸」。

すでに述べたように、私は「脱工業社会」の考え方はとらない。「ポスト工業社会」の道を行きたいのだ。これからも、工業社会時代に培った技術力を基礎に、農業も金融業も含め、どんどん技術革新を進めたい。そこには、人類未知の新しい世界が開けるだろう。多くの後輩たちや孫たちの世代とも、未知の時代を謳歌したいものである。

次章は、戦後日本に誕生した中間層と彼らにより形成されたマス社会について分析を試みたい。それは、これからの日本を論じるのに避けて通れないテーマであると考える。

第七章
中間層が形成した豊かなマス社会

戦後日本、中間層はどのように誕生したか

今の時代を含む戦後の日本を語る時には、どうしても社会を形成している中間層にふれなければならない。なぜならば、日本では、中間層が大きな役割を占めているからである。

戦後の日本でなぜ中間層が誕生したのか。それは、ずばり言えば、傾斜の立った所得税の累進税率で金持ちの存在を押さえたからである。

そこで、順序が逆になったが、そもそも中間層とはどういう層かを説明しなければならない。本来、資本主義社会における資産階級と無産階級の中間にある中間階級が

そのルーツである。例えば自営農民、中小企業主、商店主（旧中間階級）であり、管理的・技術的職業に従事するホワイトカラー（新中間階級）がそれである。

近年は、よく中間層という表現が用いられるが、この「層」という概念に意味があるように思うので、ここでは中間層ということで話を進める。いずれにせよ、中産階級や中流階級とも類似語である。

経済的には、国民のほぼ中程度を占める層である。ところが、わが国では、国民に自分の経済的地位をどのように思うかと質問すると、圧倒的多数（調査によれば七、八割）の人が自分は中間層であると答えるという。

近年の不況で多少ゆらいではいるようだが、それにしても、大多数の国民が自分を中間層と思っている。国民意識的には、そういう重要な位置を占める層であることを強調したい。

民族ということばの使い方にもよるが、日本では、ごく一部の国民を除き、ほぼ単一民族に近いといえる。そこで圧倒的多数の国民が自らを中間層と思っているということは、それだけ多くの人びとが生活文化を共有し、同時にその価値観をほぼ共有しているといえる。

なぜ、こういう国民集団ができたのか。それは、財閥解体や農地改革とも共通するところだが、その底流に戦後の民主主義の考え方があったからである。ここのところは、いわゆる「封建的」といわれていた戦前とは、はっきり一線を画せるところではないだろうか。

もちろん、この層が終戦時にすぐ生まれたわけではない。戦後の高度成長の過程で、多くの国民が徐々に豊かさを感じるようになるにつれ、誕生したものである。この層の生活文化やその価値観の共有を支えているのは、経済の豊かさのみではない。戦後の教育制度、なかんずく中学三年までの義務教育制度や大学の普遍化、例えば駅弁大学の登場なども、中間層の基礎になっていると考える。

その中間層がつくり出しただれもが豊かなマス社会

中間層と一口にいっても、その内容が一様でないことは、すでに述べてきた。職業が多様であることは、当然といえば当然のことである。ただ、注目すべきは、旧中間層と新中間層とに分けて紹介したが、戦後の中間層が誕生する過程でどんどん大きくなったのが新中間層、ホワイトカラーであることだ。

このホワイトカラーに対してブルーカラーということばがある。一般労働者を指している。高度成長の過程では、このブルーカラーも所得水準が向上し、その中間層化が進んだ。一方、ホワイトカラーに対してはもう一つグレーカラーという表現もある。エンジニア、技術職を指している。先の説明では、このグレーカラーも含めてホワイトカラーと呼んでいる。

さて、このように多様な中間層が誕生する過程で、もう一点、日本経済に二重構造が生じていたことに注目しておかなければならない。それは、高度成長時代に存在した大企業と中小企業との生産性格差である。そのようすをやや誇張していうと、片や資本力を背景に生産性を高めた大企業と、片や安い労働力に依存し、しばしば大企業の下請け的立場にあった中小企業が並存していた問題である。この両者では、従業員の賃金などに大きな差があった。

このような二重構造は、戦後長い間続き、大きな社会問題でもあった。しかし、今日では、あらゆる市場が自由化され、自己責任の時代である。同じモノを大量生産するか少量生産するかでも生産性に差は生じるが、それはどこまでリスクを取るかという経営者や投資家の選択の問題にすぎない。したがって、高度成長時代の二重構造の問題は、資本の立場からは、基本的には解消ずみと考える。

しかし、これを労働の立場から考えると、新しい大問題が発生しつつあるように思う。それは、ここで得々と述べている中間層社会を根底からゆるがすかもしれないからだ。すなわち読者もよくご存知のことだが、この東アジア経済圏の中に新しい二重構造、日本とその他の国との間に大きな賃金格差が存在し、このことが日本に深刻な影響を与えているからである。

これは、将来を展望するときに日本のポスト工業社会化と絡む問題であるので、別に取りあげて考えることにする。話題を、中間層がつくり出しただれもが豊かなマス社会に戻そう。

すでにふれたように、ここで述べている中間層とは、統計的に中程度の層ということではなく、国民が自らを中間層と認識している層である。直近の不況は別として、これまで、大多数の国民がなぜ自らを中間層と認識してきたのか。

基本は、国民の大多数が、自らの衣食住にそれなりの満足が得られたからである。一部の読者には異論がおありかもしれないが、私は、自らの経験からも、食うには困らない程度ということを念頭に置いている。

それでは、なぜその程度で満足が得られたのか。それはいくつかの条件が整ったからだ。

まず第一に、高齢者や団塊世代はもとより、現在三十歳代までの幅広い世代が、これまでは、昨日より今日の方が生活水準が下がったとは思っていない。そして第二に、自分の生活水準はまあ人並みと思っている。

より重要なことは、すでに述べたが大多数の人が生活文化とその価値観を共有したからで、このことは、高度成長時代の大量生産により強められた。

例えば、家電製品や乗用車は日本製品が世界一との評価も受けているが、国民は、その世界一の中から好きなブランドを選択できる。さらに、自分がその生産に直接的、間接的に参加していることだってあるだろう。すなわち、大切な、しかし身近な生活用品のネットワークの中に自分が立っているのだ。

ここではモノについて述べたが、政治や娯楽などの情報についても同じことで、このようにして同質的な生活文化、一元的なカルチャーが形成されていった。そして、そこに戦後日本の大衆社会、豊かなマス社会が形成されていったのである。

ニュー・ファミリー時代をルンルンと過ごした戦後世代

少し時代感覚を整理しておこう。岸信介首相により日米安全保障条約の改定、すなわち新安保条約が締結されたのが一九六〇（昭和三十五）年のことである。私が社会人になったのはその前年であるが、それからの一年間、国内は安保改定反対運動で騒然とした。しかし、これに次ぐ池田勇人首相の国民所得倍増計画時代は、産業公害の問題化などを別にすれば、社会はおしなべて平穏であった。

このしじまを破ったのが、六〇年代末に始まった学園紛争である。主役は、成人に達した団塊世代だ。国際的には若者によるベトナム平和運動が広がりつつあったが、東大医学部に端を発したわが国の学生運動は、それとは違った。安田講堂の占拠・破壊が象徴的な事件となったこの運動が、旧体制の革新を求めているらしいことは私にもそれなりにわかった。だが、全国的に拡大したこの学園紛争の本質が何であったかは、今でもわからないままである。

しかし、歴史とはそういうものかもしれないが、七〇年代に入るや、日本の国内外が大きく動き始めた。

まず海外で、七一年の米国ニクソン大統領によるドル防衛策と、七三年の中東湾岸六カ国による原油価格大幅引き上げ。この二つは、戦後に貿易立国の道を歩んできた日本にとっては、その根幹をゆるがす大事件であった。それゆえに、それぞれニクソン・ショック、オイル・ショックとして受け止められた。

国内では、この二つのショックが直接、間接に契機となって高度成長が終結した。同時に、これを追うように、田中角栄首相の金権問題が表面化、退任に追い込まれる。このことを背景に、一部の自民党議員により新たに新自由クラブが結成され、その後の選挙に大きな影響を及ぼすようになった。五五年体制にひずみが生じたのだ。

この時代を強調するために、次のことに言及しておこう。

中国が国連総会での代表権を獲得、台湾の中華民国が代表権を失ったのが七一年のこと。翌年、米国ニクソン大統領が中国を訪問した。これで中国が正式に国際社会に登場、今日の米中時代の起点となる。日本からあわてて田中首相が訪中したのは、ニクソンの約半年後であった。なお、時期が前後するが、七二年、佐藤栄作首相の懸案が実り、基地つきのままではあるが、米国から沖縄が返還された。

この間、学園紛争後も過激な事件が相次いで発生した。連合赤軍によって惹き起こされた浅間山荘事件、日本の過激派ゲリラによるイスラエル・ロッド空港の小銃乱射、東京・丸の内の三菱重工ビルや西新橋の三井物産本館における時限爆弾爆発事件などなどである。春闘史上に残る交通ゼネストや公共企業体労働者がストライキ権を獲得しようとする、いわゆるスト権ストなど、労働組合運動による大規模なストライキやデモも繰り返された。

大都市郊外に築かれたニュー・ファミリーのマイホーム

しかしながら、二次にわたる石油危機を経て日本経済が大きく変化しているとき、社会もまた大きな転換点を迎えていた。かつて学園紛争を起こした団塊世代は、やがて企業内でも既存の秩序に革命を起こすのではないかとみられていたが、彼らはそういうこともなくニュー・ファミリーを形成していったのだ。住宅ローンを借り、都心からは少々遠いが郊外の団地にマイホームを持ち、子供二人を育てるのが、団塊世代を中心にその前後の幅広い戦後世代を代表するライフスタイルとなった。

ある意味で、それは高度成長を登りつめた戦後日本の絶頂期であった。彼らは、ニュー・ファミリーの時代をルンルンと過ごしていたのである。

戦後日本の大きな転機を国民は見落としたのでは

「だが、一九七〇年代、その後半には日本経済の高度成長期は終わり、政治も変革期に入った。（中略）私はこのころが戦後日本の大きな転機であったと考える。しかし、国民はその転機を見落とした」。覚えていてくださった読者もおられるかもしれないが、私は、第一章でこう書いた。

七〇年代に、世界も日本も大きく動きつつあったことは、いまここで述べた。八〇年代に入り、レーガンやサッチャーにより、先進国経済が大きく変わったことも、すでにふれた。それでは、その通ってきた道中に、何か目印はあるのか。

いまにして思えば、それは、ある。路傍の石として次の三つを指摘しておこう。

第一に、七五（昭和五十）年末、当時の福田赳夫副首相主導のもとで財政特例法が制定され、戦後の赤字（特例）国債時代に入った。第二に、この年、趨勢的に低下していた合計特殊出生率が、人口維持の分岐点となる二・〇を割った。そして、第三に、大平正芳首相が、やがて高齢化社会を迎えるにあたり間接税の重要性を説き、消費税導入が不可避と主張したのが、七九年のことである。

それでは、何をもってこの時期を戦後日本の転機といい、国民はその転機をどう見落としたというのか。

多くのいわゆる未開発国が、農業社会から工業社会に発展するときに、その初期段階で高度成長を経験する。国により態様はさまざまだが、日本はその時代を、敗戦からの復興と工業社会化とを重複するかたちで通過した。しかし、工業社会化の初期で経験する高度成長には終結点があるのであって、まさに日本は、七〇年代後半にそのゴールに達したのだ。

このことにより、経済のあり方は大きく変わるが、変わるのは経済だけではない。経済が変われば、当然に社会も変わるのである。そして大事なことは、この経済や社会の変化に合わせて、政治も行政も変わらなければならないことだ。

日本の場合は、その経済については、戦時中の影響もあり統制色や規制色の強い「日本的な社会主義」下にあったが、まさにあの時点で、思いきった自由主義に転換しなければならなかった。当然、並行して政治も行政も変わるべきだった。

現実はどうか。

経済活動の自由化はそれから十年以上も遅れ、米国や英国の影響でやっと動き出したが、今日まで緩慢な動きが続いている。政治と行政も、まず政治主導の体制をつくり、経済問題については、その視点を生産活動から、より国民生活に近づけていくべきであったのではないか。

中堅社会人の一人として、私にも一億分の一の責任はあった。だが、その時代、ルンルンと生活を送っていた戦後世代を含め、国民全体がこのことを見落としていたのである。これは、すぐれて今日的問題なのだ。

そこで次章は、この続きとして、「なぜ、失われた二十年なのか」を考えたい。

第八章
なぜ、失われた二十年なのか

高度成長終焉後も、国民はその変化に気づかなかった

日本は、高度成長後、その時代の転機を見落とした。このことが今日の失われた二十年を招いたのではないかと考える。

この連載では、一九七一（昭和四十六）年の米国のドル防衛策やそれに続く石油危機のころを、戦後日本の一つの転機であったと見ている。そこで、話は高度成長の終焉から始まる。

金森久雄氏を編者とする『戦後経済の軌跡』（中央経済社）にも「この年（筆者注＝七三年）の二月に策定された昭和四八～五二年度にわたる五カ年計画の『経済社会

基本計画』（田中内閣）は、経済成長率を九・四％としたのであるが、実はこの頃から日本経済は高度成長期を終えて安定成長期に入りつつあった」とある。

大局観としては、このように理解していいだろう。しかし、現実の経済は、当時、大きく荒れ始めていた。ドル防衛策を契機とする世界的混乱が、そのまま石油危機につながって行ったからである。すでに日本もその中に含まれるが、先進国を中心にして、世界は長い経済不振にあえぐことになる。

一部の専門家は別にして、日本の一般国民には「石油ショック」の衝撃の方が大きく、高度成長の終焉という認識はあまりなかったように思う。

だが、前回、この戦後時代の転機を印す路傍の石として赤字国債についてふれたが、実は、『日本銀行百年史』に、次のような高橋亀吉の赤字国債反対論が記録されている。七五年夏のことである。「いまの不況が従来のような〝普通の不況〟なら赤字国債の発行も当然だが、いまの不況は構造的な要素が大きい。……低成長移行に伴う構造的な歳入不足も、安易な国債発行でうめるべきではない」。

「低成長移行に伴う」とするこの主張の意味は重い。周知のとおり、この赤字国債は、多少の中断はあるが、今日まで継続的に発行されている。もっとも、高橋は続いて「財政の積極的運用は建設国債の増発でやるべきであり、必要なら公共事業をふやし、さらに建設国債を増発してもいいと思う」とも言っている。当時としては正論だ。

時の蔵相は大平正芳。彼自身は赤字国債発行に最後まで抵抗したが、大幅歳入不足には抗し難かった。この年に合計特殊出生率が二・〇を割ったことも、路傍の石の一つに数えた。

そして三つ目。七九年、大平自身が、今度は首相として今日の消費税導入の必要性を説いた。当時の自民党にこれだけ先見の明があるシンクタンク機能があったとは思えない。しっかりした官僚がサポートしていたのであろう。しかし、残念ながら大平は後に選挙戦の最中に倒れた。

実は、このような転機にも気づかず、七〇年代終盤以降、国内はしばしば平穏な時代を迎えるのだ。学生も労働組合もすっかり静かになってしまった。

私自身は、同世代の柿沢弘治が大蔵省を辞めて新自由クラブから参議院選挙に立候補するというので、当時の銀行員として許されるぎりぎりまでの応援を手伝った。彼は、彼の著書で、証券会社、商社、銀行員、研究所の人などが集まってつくったVの会のメンバーたちが、「早く芽を出せ柿のタネ」とVサインのプラカードを振っていたと、新橋駅横での選挙運動風景を描いた。市民選挙の始まりだ。

経済は、高度成長を終え金融にゆとりのある時代を迎えつつあった。間接金融から直接金融への転換が進んだ。モノづくりを中心にした産業も、八〇年代にかけて、自動車やエレクトロニクスを中心にポスト高度成長時代なりの活気を取り戻した。機械と電子技術を結合したメカトロニクスが日本のお家芸となったのもこのころである。

だが、この時代、欧米では経済の自由化が本格的に進んでいた。

日本では、こうした内外の大きな時代変化に気づかず、多くの国民が、あい変わらずルンルンと生活を送っていた。

「日本的社会主義」の終結を宣言すべきだった

ここまでに、日本的社会主義という耳慣れないことばを何度か使った。この表現は、私が考えたというよりはアイディアを借用したものだ。

もう今から十年以上も前であろうか、こんな小話があった。「中国から調査団が成田に着いた。団長いわく。諸君、よく見てくれ。ここが有名な社会主義国家日本だ」というのである。

当時、欧米で目覚ましい規制緩和がおこなわれ、一方、中国でも経済の市場化がどんどん進むというのに、バブル崩壊後の日本のもたつきが目立つ時代であった。なるほど、見回してみると、日本は社会主義国家だ。

戦後間もなく社会人になり、仕事の面でどっぷりその世界に漬かっていた私にとっては、八〇年代に入り日本でも規制緩和が声高に言われるようになるまでは、このことに全く気づかなかった。ほんの一例をあげてみよう。輸入為替の仕事をするには、百科事典ほどの厚みのあるタメカンホウこと外国為替管理法の規程集に精通しなければならず、戦後三十年経っても毎日食べるコメの値段は政府が決めていた、などである。

さすがに八〇年代に入ってから、例えば運輸、通信、金融などの分野で規制緩和が進められるようになった。そうでなければ、国際社会で生きていけないからだ。しかし、未だに、身近なところでは幼稚園と保育園の制度の違いでもめている。

話が少々前後したが、私が言いたいのは、日本は、あの高度成長が終わったときに自らもっと変わるべきではなかったかということである。

終戦から高度成長時代を通じては、官の規制は有効に働いていたと思う。基本的にモノもカネも不足していたからで、日本的社会主義が機能したのだ。

一方、高度成長下で税収は年々増大した。政治家や官僚はこれを自然増収と呼んだ。

官僚は、この自然増収で、国民が喜ぶであろう政策をいくつも考え出した。一種のシンクタンク機能である。その政策は、当然、彼らの仕事のタネにもなった。政治家はその上に安穏と乗っていたのだ。大平蔵相の赤字国債騒ぎは、その自然増収が突然自然減収になりそうだということで起こったのである。

当然、ここで政治も行政も変わるべきであった。低成長に移行したからである。そればかりではない。いま思えば、少子高齢化も始まっていたのだ。

なぜ民間から声があがらなかったのか。それは、金融業が典型的な例だが、その規制に守られた社会の中が居心地がよかったからである。競争社会とはほど遠い護送船団であったのだ。どの業界にも業界団体があり、そのムラの中で企業はぬくぬくと過していた。その問題点に気づいていたのは、ごく一部の経済人であった。

いま思えば、政や官の立場からも民の立場からも、この時代の転機に対し、もっと強い問題意識をもつべきではなかったか。「日本的社会主義の終結」を宣言すべきであったのだ。

五五年体制を引きずった政治がもたらしたこと

それでは、この時代に、政官民は何もしなかったのか。必ずしもそうではない。以下は、拙著『「経済大国」に明日はないか』（中央公論社）からの引用。鈴木善幸首相時代だ。

この内閣にとり最大の課題は、石油危機により悪化した財政の再建であった。このために、一九八一（昭和五六）年三月に第二次臨時行政調査会（臨調）が設置され、会長には経団連名誉会長の土光敏夫が迎えられた。ちょうど二十年前の一九六一（昭和三六）年、第二次池田内閣時代にも臨時行政調査会が存在したところから、このときの調査会は第二次臨調と呼ばれるようになる。土光会長は鈴木首相に対し、答申は必ず実行すること、行政の徹底的な合理化をはかり増税によらない財政再建を実現すること、地方自治体も含め日本全体の行政合理化を進めること、国債・国鉄・健康保険のいわゆる三Kの赤字を解消するとともに特殊法人の整理、民営への移管を推進することを求め、鈴木首相はその実行を確約したと報道されている。「増税なき財政再建」がこの臨調の旗印で、この精神は、後に第一次、第二次行革審を経て、日経連会長鈴木永二が会長を務めた第三次臨時行政改革審議会まで受け継がれる。

しかし、この土光臨調が最も成果をあげるのは後の中曽根内閣によって実現される官業の民営化であって、行政機構の改革の方は、総論賛成各論反対の官僚の抵抗にあい、ほとんど実現されなかった。

少々長くなったがここまでが引用である。約三十年前（拙著の執筆は十五年前）の話だ。すぐれて今日的情景が含まれているところが興味深いが、この間、私たちは何をしてきたのかと、強く反省される。

引用文にもあるように、国鉄や電電公社などの民営化は、一部に強い抵抗勢力はあったものの敢然と進められた。今日、その成功した姿を見ることができる。しかし、例えば行政改革は、一部手がつけられたとはいうものの、今日なお大きな問題が指摘されていることは周知のとおりだ。

「増税なき財政再建」も、その大前提である行政の合理化が放置されたために、現在、財政の大赤字だけが残されてしまった。消費税については後に改めてふれるが、大平の導入論は、この時点ではひとまず立ち消えになってしまった。

最大の問題は、この時期を含め、五五年体制を今日まで引きずっていることだ。五五年体制は、すでに述べたように形のうえでは九三年に崩れた。しかし、本来は高度成長終焉後、もっと早い時期に別の姿に立て直すべきであった。だが、九三年はおろか、今日までまだその形骸を引きずっているといえよう。

五五年体制は、本来、終戦直後の急進的左翼運動に対し、資本主義対社会主義の健全な社会体制を築くところに意義があったと考える。ある期間、その機能を果したと評価したい。

しかし、高度成長を経て、すでに述べたように日本には中間層によるマス社会が形成されたのだ。すなわち、時代は、資本家対労働者の対立ではなくなった。九三年に五五年体制としての自民党が崩壊した時点で左翼勢力も瓦壊したことは、前述のとおりである。この後、左翼政党は急速に減衰する。

現在の民主党対自民党を二大政党体制と見ることには、おおいに疑問がある。なぜならば、国民が明快に理解できる対立軸が提示されていないからだ。と言えば、いくつかの政策の相異点を列挙して、これが対立軸であるという政治家はいるかもしれない。だが、私が問題にしているのは、それらの政策が思想に裏打ちされた一つの体系として示されているかどうかである。コンクリート対ヒトなどという安っぽいコピーでは困る。その体系が、大国としての重みに耐えられるのかが問われる。ちょうど五五年体制の崩壊と重なるが、小選挙区制が導入された。だが、政治家は、選挙区にとらわれた目先の政策ではなく、国家を忘れないでほしい。

わが国は、三権分立とはいえ議院内閣制である。ゆえに、行政を含む国家機能について政治主導であるべきだ。だが、それだけに政治家の責任は重い。軽々しい言動は困るのである。

そこで、行政とは国家公務の執行としておこう。その中には、基本的にシンクタンク機能が含まれるが、ここには政治主導との接点の問題が生じる。一方、国民の立場からいえば、行政の連続性は生活そのものにかかわることに言及しておきたい。

目標を見失った日本は立ち直ることができるか

第一章の冒頭で、サミュエル・ウルマンの詩を紹介しながら、終戦直後、多くの若い人たちが政治、経済、社会を再建し、平和国家日本を実現しようと燃えていた話をした。そして、日本は経済立国に成功し、経済大国の頂点を極めた。

今日的理解だが、七〇年代半ば、高度成長の終焉が一つの転機であったと考えている。あの時、自民党から若手が飛び出して新自由クラブを起こしたが、線香花火に終わった。恒常的に赤字国債が発行されるなかで、官僚の官僚化が進む。それでも経済の方は、モノづくり産業を中心にしばらく栄えていた。だが、当時の国際的流れに対し、日本では規制緩和がおおいに遅れるなかでバブルが発生し、崩壊した。そして迎えたのが、失われた二十年である。

これからは、新興国がどんどん成長し、国際社会での競争がいっそう激しくなる。しかし、過去のゆとり教育のなかで、いま子供たちがひよわに育ってきた。苗半作《なえはんさく》というが、将来が心配だ。バブル崩壊後の氷河期を体験した多くの若者たちが、いまだに親から独立できないでいる。やがて、親の年金で生活するしかなくなる人もいるだろう。次の世代がつくれないのだ。

そして現役世代。中年化しかかった若者を含めて、大変な世代である。明日の夢が何ひとつないうえに、国民負担が背にずっしりと重い。そして高齢者も、デフレで、蓄えた貯蓄から利息収入があるでもなく、先行きの不安を抱きながら年金でほそぼそと生活をしている。

あの時代の転機を、もっとしっかりと受け止めるべきであった。団塊世代を中心に前後合わせておよそ三十年は、当然私もその中に含まれるが、あの転機の時代を中堅社会人として過ごしてきた。その重い責任を感じる。遅ればせながら、国民の一人として見失った日本の目標を探し求めたい。もちろん、これからの時代を支える若い人たちの力が、絶対に不可欠である。

次章は、この連載で新年を迎えるにあたり、初春閑話として宇宙の話題を取り上げたい。

第九章
そこには大きな「ロマン」があった

帰還した小惑星探査機「はやぶさ」の宇宙旅物語

初春閑話。この章では、この宇宙で七年余の長旅を終え帰還した日本の小惑星探査機「はやぶさ」の話題を取り上げたい。

二〇一〇年九月初めに、東京・一ツ橋で開かれた同友二木会の例会で、このプロジェクトのマネージャーである宇宙航空研究開発機構（ＪＡＸＡ）川口淳一郎教授の講演を聴く機会を得た。

「はやぶさ」の話は、すでにマスコミでも大きく取り上げられ、この連載でも一度ふれられたので、大多数の読者がその存在はご存知と思う。この広大な大宇宙の中で、小さな小さな「はやぶさ」が小さな小さな惑星イトカワまでを七年かけて往復した物語で、私はそこに科学と技術の大きな「ロマン」を感じた。

なお、今回の話は、当日の講演内容を中心に、山根一眞著『小惑星探査機はやぶさの大冒険』（マガジンハウス）、『探査機はやぶさ7年の全軌跡』（ニュートンプレス）、会誌『公研』（公益産業研究調査会）やＮＨＫスペシャルその他の報道を参考にしてまとめたものである。

今回のプロジェクトの究極の目的は、四十六億年前の太陽系誕生時における太陽系起源そのものの「物質」を知ることと、生命の起源を探ることとにある。その第一歩として必要なのが太陽系誕生時そのままの惑星の表面から標本を採取することだ。すなわち、そのような天体から標本（サンプル）を持ち帰ろう（リターンしよう）というのである。このプロジェクトの直接の目的は、このサンプルリターンにあった。

今回、まずそのリターンに成功。世界初の快挙だ。米国や欧州はまだ達成していない。科学の世界では、この一番ということが非常に重要である。これまでに米国などが月への有人飛行には成功している。しかし、月は地球の衛星であって、太陽の惑星ではない。ここでは、惑星であることが重要なのだ。

実は、サンプル採取にも成功したことは、『財界』連載時、この原稿執筆の最終段階ぎりぎりまでわからなかった。採取の時にトラブルが重なり、地球帰還後カプセルの検査に時間を要したからだ。

時速十万キロメートルで公転するイトカワを追う

イトカワは、長径がわずか五百メートルの不規則な形をした小さな惑星である。このような小惑星は、軌道がある程度わかっているものだけで約二十七万個もあるという。その中の一つの命名権を取得し、日本のロケットの父といわれた糸川英夫博士にちなんでイトカワと名づけられた。

目標にこのような小さな惑星を選ぶのは、地球のように大きな惑星は太陽系誕生時の物質が高熱で変成してしまうが、小惑星では、誕生時の物質がそのまま残っている可能性が大きいのではないかというのである。

だが、広大な宇宙空間でこんなに小さな惑星をつかまえようというのであるから、

JAXA提供

小惑星探査機「はやぶさ」

これは大変な話だ。しかも、小惑星は、たとえ小さくとも太陽の周囲を秒速三十キロメートル、時速でいえば十万キロの速度で公転しているのだ。

鹿児島県の内之浦宇宙センターから「はやぶさ」が打ち上げられたのは、二〇〇三年五月九日。ロケットが切り離された後の推力は、主に四基のイオンエンジン。打ち上げ後一年間は地球と似た軌道で太陽を一周。そして、ここでスイングバイという地球の重力を利用した特殊な宇宙技術で「はやぶさ」をイトカワの軌道に乗せ、それから一年半かけてイトカワに追いつくよう少しずつ加速されたのだ。

最後は「はやぶさ」とイトカワが並んで飛ぶランデブーの形になる。イトカワは、地球から見る時は点でしかなかった。ここで「はやぶさ」は初めてその大きさ、形状、表面の状態などを確認する。スタッフは平らな着地点を考えていたが、表面はごつごつとして凹凸だらけ。これは想定外の天体であったそうだ。〇五年九月のこと。

「はやぶさ」は、上空から写真を撮ったり、目印のターゲットマーカーを落下したり、タッチダウンを試みたり、その瞬間にサンプルを採取したりと、挑戦すべき仕事が多い。自らが自律的に動くこともあるが、その多くを地球からの指示にも従う。

しかし、両者間の距離は三億キロもあり、電波通信の往復には三十数分を要する。地球から指示を出しても、届いた時には「はやぶさ」は全く別の作業に移っているということになる。両者が呼吸を合わせるのは、なかなか大変だ。実は、このタッチダウンによるサンプル採取が二回試みられたが、どうも思うようにいかなかった。

一回めは、「はやぶさ」が降下中に何らかの障害物による反射光を検知し、安全のためにサンプル採取を自分の判断で止めてしまった。地球の管制室が状況を把握した時は、イトカワの表面で傾いて着地していた。

二回めは、当初、成功したかに思われた。しかし、サンプル採取のために着地時に金属弾が発射されるのだが、これも何らかの理由でその火薬が爆発しなかった。残念なことだ。

ただし、二回おこなわれた着地のさい、その衝撃で舞い上がったサンプルがわずかでもカプセルに収まっている可能性は残されている。カプセルが地球で無事回収されること自体、大きな意味はあるが、多くの人たちの期待はここに集まった。

かつて日本は米国のNASAと組んで小惑星とのランデブー計画を立てた。しかし、日本の宇宙予算は米国の十分の一しかない。日本がもたついているうちに、米国は独自でランデブー計画を走らせてしまった。プロジェクトを進めるスピードが圧倒的に違うのだ。川口教授など関係者はおおいに落胆した。

宇宙ではまだ後進国でマイナーな存在である日本に、何ができるか。オリジナリティのある計画をということで登場したのが、この小惑星サンプルリターンである。ランデブーよりはずっとむずかしい。だが、新しいことをやって世界に貢献する。川口教授は、「ある意味、開き直りです」と語っていた。

交信途絶にエンジン障害、その苦難を乗り越えた帰還

「はやぶさ」の苦難の宇宙旅行は続く。もしかすると微少なサンプルが収まっているかもしれないカプセルを大切に抱いて、地球に向かうことになる。しかし、そこで待っていたのが大きな障害の発生だ。「はやぶさ」は、二回の着地のさいのトラブルな

どで満身創痍の状態にあったのである。

まず、〇五年十二月九日に、地球との交信が途絶えてしまった。地球からの指示ができなければ、この大宇宙で迷子になったも同然。二度と地球へは戻れない。しかし、ここで地球のチームはあきらめなかった。

「はやぶさ」とは、周波数が合えば交信できるはず。問題はアンテナが地球方向へ向けて安定するかどうか。その少ない確率に賭ける。周波数を次々と変えながらの迷子の探索は、至難のわざそのものであった。

彼らは、日夜を問わぬ執念でその賭に勝った。〇六年一月二十三日、地球からの呼びかけに応える「はやぶさ」からの微弱な信号があった。「おーい、ここにいるよ」と。四十五日ぶりのことだ。宇宙科学の世界で、迷子になった探査機を見つけ出すことは極めて希有なことだという。これは、もう、親子の愛情物語である。

カプセルを抱いた「はやぶさ」は、帰路でもう一つ大きなピンチに遭遇することになる。

「はやぶさ」を駆動しているのは、主に四基のイオンエンジンである。イオンエンジンとは、燃料（推進剤）を電離してイオン化し、強い電場をかけることによってそのイオンを加速、噴射するものだ。燃費が非常にいいのが特色。「はやぶさ」は、一つの探査機に搭載されたイオンエンジンの延べ運行時間としては、すでに往路で世界最長記録をつくっていた。

さて、いろいろトラブルもあり予定より三年も遅れたが、〇七年四月二十五日、「はやぶさ」はいよいよ帰路につく。この時点で、四つあるイオンエンジンのうちAとBが不調で、CとDで地球へ向かった。

ところが、である。〇九年十一月四日、Dが緊急停止してしまった。あまりの長時間運転で寿命が尽きてしまったのだ。Cも性能がかなり低下している。これも寿命が近づいているのである。いよいよこれまでか。

しかし、粘りの川口教授をはじめ、スタッフはあきらめなかった。そこで考え出されたのが、打ち上げ直後に不具合になり停止していたAと、帰路につく直前に不調になったBとの使える部分を組み合わせることだ。万一を考えて用意してあったAとBをつなぐ回路が役立ったのである。「はやぶさ」の命を救ったのだ。

ここから後は、多くの読者があのテレビの映像でご覧になったとおりだ。一〇年六月十三日の夜、小惑星からのサンプルリターンに成功して地球に帰還するという世界で初の大任務を果たした「はやぶさ」は、オーストラリアの上空で大気圏に突入、一筋の燃える光跡を残して、一生を終えた。ひときわ青く光ったのは、イオンエンジンが最期を迎えた瞬間だそうだ。

「はやぶさ」が大切に持ち帰ったカプセルは、大気圏突入時に分離された。こちらは、もう一筋の細い光跡を引きながら、オーストラリア・ウーメラ砂漠の予定場所に、きわめて正確に落下し、回収された。

川口教授は、話の最後に一枚の大切な写真を紹介した。川口教授たちには、大任を終えた「はやぶさ」を燃え尽きるのではなく、そのまま静止軌道に乗せてやりたいという強い思いがあった。しかし、もうその力は残っていない。というので、せめてもの思い出にと、上空から地球の写真を撮らせてやった。

この写真には、思わずほろりとした。同時に、推力の足しにと太陽光圧（太陽光の力で生じる圧力）までを活用したこの宇宙の旅物語には、そこに、大きな「ロマン」を感じたものだ。

大きな課題への挑戦の心が国自体を新しく変えていく

この原稿を書き進んでいくうちに、私にはどうしても表現できないあるもどかしさを感じた。私が言えば、単なる第三者の意見で終わるのだ。そこに、ずばり当事者が大切な発言をしているのを見つけた。公益産業研究調査会が発行している会誌『公研』の十月号である。

若干の前口上をお許しいただきたい。一九六三年に創刊された同誌の題字は、木川田一隆氏の揮亳によるもの。この雑誌には、毎月各界の有識者を講師に招いて開催される公研セミナーの全容が、質疑応答まで含めて掲載される。電力会社の若手を中心に集まるセミナーだが、当時興銀の調査部に在籍していた私も仲間に入れてもらい、毎月出席していた。もう半世紀近くも昔の話である。そのOBということであろうか、今日でも雑誌を毎月届けていただいている。非常に水準の高い内容で、私にとっては必読誌である。

その十月号の、これも長く続いている「私の生き方」という味わい深いインタビューの欄に、ＪＡＸＡ名誉教授・技術参与である的川泰宣《まとがわやすのり》氏が登場されている。宇宙一筋の人生を送られている学者で、ここではインタビューの終わりの方を引用させていただくが、その発言は重い。

日頃、「仕分け、仕分け」と肩に力の入っている政治家のみなさんにも、ぜひ読んでいただきたい。以下がその引用文である。

何かをやろうとすると、失敗したらどうしようということばかり言う世の中になっていますが、もう少しそういう制約を外して、大きなものに挑戦していくムードが日本の中から出てこないと、国自体が新しく生まれ変わることはできないと感じています。だから、「はやぶさ」が巻き起こしたのは、高い目標に挑戦して乗り越えていくことに対する感動なのです。本当の意味の「はやぶさ」の後継というのは、決して「はやぶさⅡ」ではなくて、新たなミッションをつくり出していくことです。日本全国で「はやぶさ」に関心を持った人と話をしていると、宇宙に全く関心がなかった人がたくさんいます。そういう意味では、「はやぶさ」の成果は宇宙のことだけではなかったことに私たちは気がつかなければいけない。日本という国がこれからめざしていくものの一つの姿を暗示していると私は思いたいのです。

今、「はやぶさ」は、子供も大人もみんな知っています。「はやぶさ」プロジェクトのマネージャーである川口淳一郎くんは妥協のない強い男ですが、彼のチームの人たちからは「リーダーの鼻を明かしてやりたい」という野心が出てくるんですよ。だから、「強将のもとに弱卒なし」のようなところがあって、ピンチに陥ったときにチームの底力が発揮されました。「はやぶさ」チームというのは、それぞれ個性が豊かでおもしろい。同じようなタイプの人ばかりではダメで、いろいろなタイプの人を生み出していく教育をしていかないといけない。そうすれば、これからどんな時代になっても備えることができるのではないかということを最近感じています。

ここまでが引用である。この失われた二十年で私が日頃感じていることが、ここでは生き生きと語られている。それは、一つは失敗を恐れずに大きなものに挑戦すること、もう一つは、先頭に立つ者のリーダーシップの重要性である。政治の世界も経済の世界も、近年どうもこの二つの不足が強く感じられるように思うが、どうであろうか。

次章は、失われた二十年の本論に戻し、今後の対応策を考えたい。

第十章
このデフレ経済の本質は成人病である

日本固有のデフレ経済と世界的大不況との合併症

新年早々に日本病の診断の話で申し訳ないが、この連載の目的は、「日本丸」の健康回復の方途を探ることにある。

ずばり言って、日本は、どうすればこの失われた二十年から脱出することができるか、ということである。ここまでは、なぜ、今日この状態に至ったかに視点を置きながら、戦後日本の歩みを書かせていただいた。この章は、その総括である。

現在の日本経済の症状は、日本固有のデフレ経済と米国発の世界的大不況との合併症といっていいだろう。バブル崩壊後二十年も続いているデフレ基調の日本経済が、リーマン・ショックを契機に発生した世界的大不況に襲われた状態にある。

もっとも、合併症とは余病のことで、本来は風邪をこじらせて肺炎になるように、ある病気にともなって起こった他の病気をいう。したがって、現在の日本は二つの病気の原因が全く異なるので、正確には合併症とはいわないだろう。

だが、この二つの病気は非常によく似ている。特に世界的大不況による超円高がデフレをもたらす点では、二つの病気はほとんど同じ症状を示しているのだ。そこで、ここではあえて合併症と呼んでおく。

このうち、日本固有のデフレ経済は後述するので、ここでは米国発の世界的大不況について簡単にふれておこう。

この大不況は、米国で信用力の低い個人に対する住宅金融であるサブプライム・ローンが、二十一世紀に入りバブル状態になり、これが崩壊することによって発生した。バブル状態にあるときは、世界で多くの国がこれによる米国の過剰な個人消費の恩恵にあずかったものだ。デフレ基調下の日本も、ドル高傾向によりわずかながらGDPの伸び率が高くなった。

そのバブル崩壊により、欧米先進国で決定的な影響を受けたのが金融経済だが、モノづくりの日本は、まず実体経済で大きな打撃を受けた。リーマン・ショック直後の二〇〇八年暮には、産業界は大幅な減産でパニック状態になった。

わが国金融経済への影響は複雑だ。バブル崩壊直後の金融への影響は、それほど大きなものではなかった。だが、足元では、各国景気対策によりもたらされた大幅な円高が、わが国のモノづくり産業に強い衝撃を与え、デフレ化を加速している。

また、今回の発端となった金融危機によるＢＩＳ規制の新たな強化も、将来的に、欧米とは少し体質の異なる日本の金融機関経営にとり、やっかいな存在になりそうである。

いずれにせよ、前にも述べたが今回の大不況の影響は、これからも波状的に繰り返されるであろうと思う。為替レートについては、世界の市場において、各国政府・中央銀行の政治的実行力が問われることになる。

そこで、日本にとり、より本質的に深刻なのは、このようなことも含めてだが、その固有のデフレ経済である。次に、この問題について考えてみよう。

日本のデフレ経済の本質を高度成長後の成人病と見る

日本の政治や経済、社会を振り返り、その戦後を説明してきたのは、それらのようす、なかでもデフレと呼ばれる経済の現状が、成人病ではないかと考えるからである。

成人病とは、高血圧症や心臓病など、いわゆる成人がかかりやすい病気をいう。ここでは、もちろんあくまでも比喩であるが、日本経済の現状を成人病と見立てたのだ。

デフレ経済を、景気悪化と物価下落のスパイラル現象というならば、それはある突発的な原因で発症し、短期的に終息することもあるだろう。今回のこの世界的大不況で、短期的にデフレ経済に陥る国はあるかもしれない。もっとも、一般的にデフレは二年を目安にして、それ以上物価下落が続くときをいい、ごく短期間の物価下落はデフレとはいわない。

日本のデフレ現象は、このようなふつうのデフレとは異なり、もっと長期間にわたり続く体質的なものである。しかし、失われた二十年と呼ぶ長期間のうちには、多少の景気の凹凸があるのは当然だ。私がデフレ「基調」という表現を用いているのは、そのためである。

それでは、このデフレ基調と呼ぶ慢性的な低成長が、なぜ、二十年も続いているのか。なぜ、成人病にたとえられるのか。

それは、戦後の日本が高度成長時代を終えた後、ポスト高度成長時代に入ってからの大切な最初の十数年間に、将来のことも考えずに無為な青春時代を送ってしまったからである。これには、バブルとその崩壊というおまけまでついた。

表現を明確にするために、やや大胆に具体的な年代を当てはめておこう。高度成長時代とは、ここでは一九四五（昭和二十）年の終戦時から七五（同五十）年までを指す。ポスト高度成長時代の最初の十数年とは、それから九〇（平成二）年までをいう。両方を合わせて、戦後日本の成長期と呼んでおこう。

このうち八〇年代の十年間が、新しい時代へ向けていろいろと手を打つべき時期であったのではないかと思う。

だが、この時代、政治的には極めて中途半端な施策しかおこなわれなかった。行政改革は名ばかりで、核心に触れるものではなかった。この間、少子化問題は、国民にはほとんど意識されなかった。消費税という名で導入された間接税も、税率は当初わずかに三%であり、財政は、バブルの一時期を除き、赤字国債の発行が止まらなかった。

経済面では、プラザ合意をはさんで円の自由化、円高対応策が課題であった。しかし、これに対しては、規制緩和というしっかりした産業政策は示されず、リゾート法という意味不明の内需振興策に踊らされ、資産バブルをまねく結果に終わった。東京証券取引所で日経平均株価が3万8915円の市場最高値を付けたのが、八九年十二月二十九日の大納会の日。その秋、現地時間で十一月九日の深夜には、東ドイツでベルリンの壁が開放された。こういう流れのなかで、内外共に九〇年を大きな時代の区切りと考える。

ここから、失われた二十年と呼ばれる時代が始まった。私は、そのデフレ基調の経済の本質を、高度成長を経て成長期を終えた日本の成人病と見立てている。

デフレ対策が効かないのはその本質が成人病だからだ

なぜ成人病なのか。もう少し説明を続けさせていただく。

七五年に二・〇を割った合計特殊出生率は、年別のぶれはあるが趨勢的に低下、九五年には一・五を割った。二十一世紀初頭の人口減少時代が、はっきり展望されるようになったのだ。

これは、経済成長にとり明らかに一つの転機である。なぜならば、一国の経済成長は、生産性の伸びと人口の増大によって支えられるからである。

一方で、めでたいことだが平均寿命の方は着実に伸び、九〇年代になると「少子高齢化」が意識されるようになった。いまや、数年後には数百万人の団塊世代が現役世代から年金世代へ移行し、いよいよ高齢化が飛躍的に進むことが現実の姿となる。

こういうことは、三十年も前に大平正芳が首相として警鐘を鳴らしていたのだ。「戦後の直接課税中心を間接課税中心に改めないと、高齢化社会は支えられない」と。

私も、ここで多くを語る余裕はないが、終始一貫して間接税を主張してきた立場から一言ふれておきたい。

まず、八七年、中曽根康弘首相の時に、この間接税が税率五％の売上税ということで税制大綱に盛り込まれた。だがこれに対して、野党のみならず流通業界など経済界の一部からも反対の火の手が上がった。その後、参議院補欠選挙や知事選挙で自民党が連敗し、これが引き金となって中曽根は退陣した。

中曽根を継いだ竹下登首相のもとで、名を消費税と改め、税率も三％に引き下げて、八九年からかろうじて導入することになった。

このとき、社会党委員長土井たか子の「ダメなものはダメ」に代表されるように、当時の野党はこれを政争の具とし、理屈抜きで反対の立場をとった。

その後いろいろあったが、九七年に橋本龍太郎首相により三％の税率は五％（内一％は地方消費税）に引き上げられたものの、そのまま今日に至っている。

なお、この時の税率引き上げで景気が悪化したという考え方が一般化したが、これは誤りである。これによる個人消費低下は、ごく短期間で回復した。

しかし、前述のとおりこの九〇年代というのはバブル崩壊後の経済混乱期である。さらに、九七年というのは、大手金融機関の経営破綻などいわゆる金融ビッグバンの衝撃が日本経済を襲った年であった。

むしろ、問われなければならないのは、高度成長期は終わったともいうべき七〇年代後半から欧米で自由化の加速した八〇年代にかけ、日本として、日本経済の次の時代へ向けた大胆な構想が打ち立てられていなかったことである。さらに、バブル崩壊と欧米からは周回遅れとなる金融ビッグバンに直面した時に、財政や金融で適切な手が打たれたかどうかだ。

残念ながら、適切な対策がおこなわれたとはいえないのではないか。八〇年代はバブルで終わり、結果論でいえば、それからは失われた二十年である。この間に、金融破綻処理や景気対策で、日本は、巨額の財政赤字を累積してしまったのだ。

すでに述べたように、財政の基礎的収支が赤字であるから、今後はこの赤字がますます累増する。これを治癒するには増税しかないのだが、国民はそれに耐えられない。この衰弱した経済のまま増税すれば、経済はさらに悪化し、かえって財政負担が増大するというのだ。

すなわち、経済力の低下と財政の悪化が、スパイラル状態に陥ってしまった。

人口減少、そして異論はあるかもしれないが確たる社会保障制度もないままの極端な高齢化の進行、それにこのスパイラル現象である。

生命維持装置としての財政政策や金融政策まで不要とはいわない。だが、現在の日本経済の治療には、単なるデフレ対策としての財政政策や金融政策はもう機能しないのではないか。

いまさら繰り言を述べるつもりはない。ここで言おうとしているのは、日本経済が、ふつうのデフレではなく、その本質が成人病であることの説明だ。

このままでは、十年後の日本は失われた三十年に

ここまでで、日本がデフレ基調という成人病にかかっていることを見てきた。その症状は、俗に失われた二十年といわれている。この病気の恐ろしさは、国民がその自覚をせずにこのまま放置すると、十年後に、非常に高い確率で失われた三十年になることである。

実は、この失われた二十年という表現は、十年前の失われた十年に由来する。失われた十年は、九〇年代のバブル崩壊と金融破綻の中で、その対応の不手際を、多くの経済人が自嘲的に表現したものである。しかし、そのとき、ほとんどの人びとが、それがさらに十年続くとは思っていなかった。

だが、いまや日本は失われた二十年である。なぜか。それは失われた十年が、バブル崩壊後の一過性のものではなかったからである。国民は高度成長後の体質変化を見過してしまった。その不注意がたたり、成人病にかかってしまったのだ。

この病気の重大さは、これが長引くと、やがて社会秩序や家庭経済など国民生活の大きな混乱、すなわち国家の破綻につながることにある。

中央銀行は、前回バブルの後遺症からデフレ対策に腰が引けている。確かに価格騰貴への転化は恐ろしい。だが、ここはデフレ基調脱却までの辛抱が必要だ。政策の間合いの取り方が難しいのは事実だが、中央銀行はそのためのプロ集団ではないか。

一方、政治、すなわち立法と行政は、少子高齢化が急速に進むなかで、わが国社会保障問題の本質の理解とその対応を間違えてきた。これは与野党を含めてだが、高度成長が終わった時点で時代が大きく転換したことを見落としてきたからだ。

詳細は次章以降の各論で論じるつもりだが、このことが原因となって、今日から見れば非常に問題の多い社会保障制度が、そのまま引きずられることになった。これは一方で、高橋亀吉が指摘した問題、いわゆる赤字国債により巨額の財政赤字が積み上がることになった。

ちなみに問題の多い社会保障制度とは何か。一例を示そう。例えば、政府は医療が成長産業であり、介護は雇用の大きな受け皿であるという。しかし、現在の社会保障の枠組みでは、それは絶対に実現しない。そもそもこの分野で市場経済が成り立つ基盤が築かれていないうえ、これを補う財政資金も用意されていないからである。赤字財政のなかで、なぜそんなことが期待できるのであろうか。

こういう半世紀、一世紀先を見通した大きな問題は、国民参加のうえで、もっと骨太の制度を構築しなければならないのである。社会保障とは、これからの国家にとり、それほど大きな問題なのだ。その前提として財政再建を避けて通ることはできない。政府や国民は、このことをどこまで理解し、覚悟しているのであろうか。

この課題にしっかり取り組まなければ、残念ながら失われた三十年から逃れることはできず、さらなる経済成長戦略も有効に機能しない。

このような論理に沿って、次章以降その詳論を展開したい。

第十一章

地球新時代、日本の国家構想を考える

なぜ国家構想が必要か

日本が失われた二十年といわれるデフレ基調の成人病から脱却するためには、国民全体で、三十年、五十年先を見通した大きな課題に取り組まなければならない。そのためには、新たな国家構想が不可欠だ。時あたかも後述する地球新時代である。ふだんあまり使われない国家構想という表現を使わせていただいた。新しい政権が誕生した時に、その政権がおこなおうとしている政策の考え方、基本的な枠組みが示されるが、これを政権構想という。ここで言おうとしている国家構想とは、その国家版である。

どういう時に使われるか。私の頭の中にある日本史の中から勘で船中八策を思いつき、大辞林（三省堂）を引いてみたら、あった。「一八六七年、坂本竜馬が上京の船中で後藤象二郎に示した八か条の新国家構想。大政奉還・議会設置・大典制定・海軍拡張・諸外国との国交樹立など」。新国家構想とある。

近代・現代の日本史上、もう一つ新国家構想の例を求めるならば、それは新憲法の精神ともいうべき、その基本的な考え方である。第五章に引用した宮沢俊義の表現によれば、それは、「内においては民主政治を確立し、外に向かっては平和国家を建設すること」であるという。これは、まさしく国家構想である。

しかし、いま、日本は革命があったわけでもなければ戦争に負けたわけでもない。それなのに、なぜ新しい国家構想が必要なのか。一見、たしかに大病を患ったわけでもなければ大けがをしたわけでもない。しかし、日本は、いま難病の成人病にかかっている。すでに見てきたように、三十年前に時代が大きく変わったときに、国民は何もしなかった。それが今日の病につながったのである。

もし、今の時点でも何もしなければ、十年後には失われた三十年になり、その先にはギリシャのような国家の破綻が待っている。そのタイミングは、情況変化によってはもっと早まるかもしれないのだ。若者を含め、すでに多くの人びとがこのことを察知している。

だが、それにしても国家構想とは大げさ過ぎるのではないかと思われるかもしれない。たしかに、明治維新や終戦時のように、国家制度の骨組みまで替えようという話ではない。

しかし、成人病を治療し、健全な体質を維持するためには、国民は、それなりの大きな負担を覚悟しなければならない。そして、何よりも経済大国ではなくなった日本の今後について、その将来の夢と目標を、なるべく多くの国民、特に若者たちと共有したい。もちろん、日本は民主主義国家、そのバリエーションはいろいろあっていいだろう。しかし、大きな方向については、一国家として、国民が共有できるものにしたいものだ。

そのために、気宇壮大な国家構想が必要なのである。

地球新時代における日本の国家構想をこう考える

ここで、読者諸氏に、二十一世紀の「日本丸」の国家構想につき、叩き台として私の考えをお示ししておこう。それは、次のとおりである。

第一、経済に強い国。

第二、人間性の豊かな国。

第三、恵まれた自然が生かされた国土の国。

第四、積極的平和主義の国。

第五、地球の未来に貢献する国。

私としては、日本という国家をこういう国にしたいという構想を示したものである。

先にお示しした船中八策や新憲法の考え方は、国家の基本的骨組み、すなわち直接憲法にかかわるものである。ここで示した国家構想は、四番目の平和主義のように憲法に関係する構想も含むが、全体としては、いわば「日本丸」の運航の心構えを提示したものとなっている。それは現代の国際社会において、日本がすでに民主主義の確立した主要先進国の一国であるからだ。その自覚が重要である。

そこで、各項目について、簡単にコメントをしておこう。

まず、第一の経済に強い国。これがすべての基本であると考える。例えば政府が巨額の財政赤字を抱えているように、ここが不十分では、第二以下で述べる国内における政治も国際社会における貢献も、じゅうぶんに機能しない。

経済大国時代の日本は、物財、その量の大きさを競う経済であった。これからは、人間性の質の高さを競う時代である。その資本主義の理念をどう確立するかが課題だ。

第二に、人間性の豊かな国の実現である。特に国内では、何度もふれてきた少子高齢化時代の社会保障にかかわる重要な課題がある。国民の納得が得られる姿が描けなければ、日本は、成人病からの脱却はできないであろう。

この人間性の問題は、国際社会では国の徳の問題である。近隣には、この面で未成熟な国も存在する。

第三の恵まれた自然が生かされた国土の国というのは、単に日本の現状を指しているのではない。未来へ向けての目標だ。

自然を大切にすることは、これからの人類にとり非常に重要な課題だ。日本列島もいろいろ天災はあるが、世界的には極めて恵まれた国土であり、これが日本文化の根源である。

水と緑と生態系を守ることについて、大きな国家構想の一つに数えたい。

第四の積極的平和主義については、議論のあるところかもしれない。平和主義そのものについては、ほとんどの国民に異論はないと思う。だが、ここで積極的平和主義と表現したのは、これまでの日本が、自分だけが平和であればそれでよしとする一国平和主義、換言すれば消極的平和主義の立場に立っていたと考えるからだ。

しかし、いま日本が民主主義圏における主要な一国であると自認するならば、これからは、世界市民社会の一員として平和問題にも積極的に取り組むべきではないだろうか。その具体的内容については、国民の間でじゅうぶんな議論が必要である。

第五の地球未来への貢献とは、こういうことである。現在、人類は歴史上はじめて人類として地球の未来を考えようと取り組み始めた。これを、地球新時代と認識する。その課題は、地球環境の問題であり、水と緑と生態系の問題でありと、広範囲にわたる。

こういう課題に対して取り組むことは、おそらく、多くの日本人の心が歓迎するのではないか。同時に、それは、日本の得意とする科学や技術が役に立つことではないか。このような地球への貢献を、ぜひ国家構想の一つに数えたいものだ。

以上、私の国家構想を五項目にわたってご紹介した。なかでも、第一の経済に強い国が、すべての基盤になると考える。

そこで、このテーマに関連することにつき、ここでもう少し敷衍《ふえん》して説明しておきたい。それは、東アジア経済圏と、ポスト工業社会とについてである。

日本にとり東アジアとはどういう存在であるのか

ここで東アジアとは、いわゆる日中韓とＡＳＥＡＮ（東南アジア諸国連合）諸国、それにインドと台湾を含めた地域としておく。この経済圏が、近未来に世界一の経済圏になるであろうことは繰り返し述べた。

なお、近年、この東アジアにオセアニアや太平洋圏までを含めた経済圏の考え方がある。これは政治色の強いもので、ここでいう東アジア経済圏とは異質な経済圏である。

さて、ここで唐突に東アジアを持ち出したのは、経済に強い日本を考えるばあいに、日本と、その周辺にある東アジア諸国・地域とが不可分な関係にあるからだ。ちなみに、やがて世界一になるこの経済圏に、主要先進国では唯一日本が存在することはいうまでもない。

この経済圏には、韓国や台湾など、モノづくりの面ですでに日本のライバルになっている国・地域や、シンガポールのように小国ながら先進国化している国もある。しかし、多くの国ぐには、総じていえば新興国ないしは発展途上国の段階にある。中国だけが、その中では規模の大きさで突出している。

この経済圏の各国・地域間の相互の関係は、日本を含め、日進月歩で変わりつつある。三年前のことは、全く過去の話になってしまうのだ。

そうしたなかで、きわめて大胆な表現でいえば、日本を除くこの経済圏は、現在は日本にとり高級素材や高級部品、一部の国に対しては最終製品まで供給する、総人口三十億人の巨大な市場である。この市場は、これから域内の所得水準が上昇するにつれ、さらに層の厚い巨大市場化するであろう。

しかし、これらの国・地域で現在生産しているほとんどの工業製品は、二十年前には、日本をはじめ先進国が自ら生産していたものである。その後に開発された新製品は別として、日本など先進国は、生産拠点の移転により、その分だけ産業が空洞化した姿になっている。近年は、新製品も、短期間のうちに簡単に生産拠点が移転される。

これは、大量生産時代の工業につき、先進国の資本力と後発国の労働力が単純な二重構造の関係になっているなかで、この巨大な東アジアでは、労働力の方が強いからである。

もう一度、その人口が三十億人であることを想起しておこう。この変化は、今後もこの地域の工業化が進むにつれ、半永久的に進むであろう。

日本に求められるポスト工業社会としての生き方

これからの経済に強い国日本は、この東アジアを離れて考えることはできない。それが日本の宿命である。

かつての日本は、欧米先進国から技術を導入しながら、高度成長を果たしてきた。終盤は、モノづくりの生産力で米国を追い上げるところにまでなった。欧米は、いま成熟した資本主義国家として、それぞれの生きる未来を求めている。

多くの欧州諸国は、EUという共同体の中で、幅は大きいが、それぞれの中庸な社会保障や福祉制度を実現しながら、先進国の途を歩んでいる。自己責任主義の考え方で世界の先端を走る米国は、金融産業、情報産業の分野で実力を発揮しているが、社会保障については、欧州とは一線を画している。

このなかで、新興段階にある東アジアの多くの国・地域は、日本などからの資本や技術に支えられて発展を続けてきた。一方、日本は、近年、世界の先進国社会の中にあっては、その多くの労働力をこの東アジアに依存してきたといえる。

だが、そうした結果、日本にとりその関係は複雑だ。いまやこの東アジア経済圏が巨大な市場である反面、モノづくり産業については、成長を遂げた新興国・地域と、日本は資本力や技術力においてライバル関係になりつつある。

一方、発展の遅れた国・地域が、引き続き大規模で低廉な労働力、すなわち雇用の面で、日本経済に強い影響を及ぼしつつあるのだ。日本がモノづくり産業だけにこだわれば、この関係をこれからも続けていくことになるだろう。

そこでどうするか。私は、ポスト工業社会への移行、進歩を考えている。ポスト工業社会については、この第二章でふれたが、ダニエル・ベルは工業社会の中心的技術をエネルギーとし、ポスト工業社会のそれを情報としている。

一般に経済は農業社会から工業社会へ、工業社会から情報社会へと進歩するとされている。それはベルのいう中心的技術の進歩であり、それに伴う社会の変化であると理解していいだろう。だが、これらの進歩は各段階で総入れ替えになるのではなく、それらの技術が重層的に積み上がりながら産業が進歩するものであることに着目したい。

一例を示そう。

まだ小規模ではあるが、近年、屋内で高級野菜がコンピューターで管理されながら栽培されていることは、よく知られている。ごく最近では、一〇年秋に打ち上げられた日本版GPS衛星「みちびき」を使い、地上で無人農機を自動運転する実験も始まった。これらは農業の工業化であり、さらにその先へ進んだ情報化である。すなわち、やがて農産物という農業の生産過程で、高度の情報技術が駆使される時代が訪れるのだ。

日本の産業用ロボットの生産が、質的にも量的にも世界最高水準にあることはよく知られている。一方、遠隔地医療や老人介護の場での高度情報技術の活用の試みや、さらにこれらの場でのロボットの利用の研究も日進月歩の勢いで進みつつある。すなわち、高度サービス産業の情報産業化である。

これら情報産業の基礎に高度なモノづくりの技術が存在することは否定すべくもない。それぞれの分野の科学とモノづくり技術との融合である。私がポスト工業社会と表現しているのは、このような社会の到来だ。

世界最高水準にある日本の産業用ロボット（写真はトヨタ自動車の溶接ロボット）

このポスト工業社会は、職業の姿が工業社会とでは大きく変わるのだ。これまでの工場労働者や各種現場労働者が、科学者や専門技術者に変貌し、その職場は、彼らの集団で大小さまざまの研究所のようになる。

このような社会にあっては、初等教育から高等教育までを通じ、教育のあり方も大きく変わる。その専門性が高められると同時に、人間性教育の充実がいっそう重要な時代が来るのだ。

東アジアの他の国・地域のエリートたちとも、熾烈に競争する時代が訪れるだろう。

次章は大きな政府か小さな政府かをテーマに、わが国の社会保障制度のあり方を考えたい。

第十二章

日本版「大きな政府か小さな政府か」

社会保障をどこまでやるか、問われる国民の哲学と覚悟

前章で、これからの国家構想として、第一に経済に強い国日本を掲げた。そのためには、まず財政基盤がしっかりしていなければならない。そして第二に、人間性の豊かな国の実現を掲げた。これは、少子高齢化時代の今日、社会保障制度に強くかかわる問題である。

この財政基盤と社会保障制度とは、表裏一体の関係にある。国民にとり生活に不安があるようでは経済に強い国は生まれない。そこで、この章では、この社会保障問題を考えてみたい。

社会保障とは、前にもふれたが、国家が国民の生活を保障する制度である。わが国では、年金、医療、介護の各保障制度がその代表例と考えられているが、ここではもう少し広く、子育てや教育、さらに就職支援などについてもその概念に含めて考えていきたい。

社会保障は、現代先進国として一つの資格要件であると考える。しかし、社会保障をどこまでやるかは、経済の成熟度とは別に、その国の経済や社会そもそものあり方、その姿の問題であり、根底にあるのは、その国の哲学の問題であると考える。

現在、福祉国家と呼ばれ、社会保障が進んでいるのは北欧各国である。第二次大戦後の英国労働党も、「ゆりかごから墓場まで」を標榜する生涯社会保障をスローガンとして掲げていた。一方、競争原理を重んじる米国は、自己責任社会の実現を目指し、彼らの尺度で過剰な社会保障は抑制している。

この両端の間にあるのが、フランスやドイツ、近年の英国など、欧州の主要先進国である。日本も考え方としてはこのグループに属する。

北欧型を選ぶか米国型を選ぶかは、「大きな政府か小さな政府か」という国民の哲学にかかわる問題である。

数字で示してみよう。すでに述べたが、国際比較で用いられる国民負担率という数字がある。国民所得に対する国民が負担する租税と社会保険料の合計額の比率をいう。ごく概数でいうと、米国が三〇％台、日本が四〇％強であるのに対し、英国、ドイツ、フランスなどが約五〇％から六〇％台で、北欧諸国がおおむね七〇％前後である。

日本は、社会保障の内容は欧州主要国並でがんばっているが、その国民負担率は米国に次いで低い。これは、ごく大まかにいえば、安全保障や教育・科学・文化など非社会保障分野も含め全体でかなり歳出を抑制していることもあるが、最終的な不足を赤字国債で埋めているからだ。不況対策等も含め、巨額の財政赤字が累積しているのは、このためである。

後述するように年金、医療、介護等中核となる社会保障は、現在、すでに制度的に収支面でぎりぎりのところまで追い詰められている。少子高齢化を前提に今後を展望すると、このままでは、社会保障はその赤字の大幅な拡大を覚悟しなければならない。だが、日本では、もうこれ以上の財政赤字の累積は許されない。

そこでどうするか。大部分の国民が北欧並の福祉までは考えていないだろう。一方、一部の国民は、米国並の自己責任でいいではないかと言うかもしれない。苦労して大勢の子供を育てた人たちである。その気持ちはよくわかるが、すでに少子化の進んだ今日の日本で、それが多数意見にはならないだろう。

ということで、せめて欧州主要国並の社会保障についていくか、それとももっと切り詰めた社会保障でがまんするか、そのどちらを選ぶかが日本版「大きな政府か小さな政府か」の問に答えることになる。前者であれば、国民負担は増大する。

ここは、おおいに議論のあるところであることはよくわかるが、ひとまず筆者である私の考えで、せめて欧州の主要国並ということを念頭に置きながら、話を進めさせていただく。もちろん、高齢者としても応分の負担は覚悟している。

社会保障制度の現状にはこんなに多くの課題がある

さて、重い見出しを付けさせていただいた。正面から論じればこれだけで一冊の本になるが、ここでは、話の流れに沿ってポイントだけを述べたい。

なお、その大前提として、社会保障の財源を保険料に求めるか、租税に求めるかという問題がある。いうまでもなく、前者であれば受益者負担、後者であれば国の経済力負担という考え方になる。ここでは、全体としては保険料負担は現状程度とし、高齢化の影響や追加的な施策は、原則としては租税、具体的には消費税に依存することを念頭に置きながら話を進める。

まず公的年金であるが、その起源は官吏の恩給にあり、歴史は古い。国民年金が発足し、国民皆保険制度になったのは一九六一（昭和三十六）年。だが、この国民年金を中心にした公的年金の仕組みは、過去の経緯から極めて複雑で、その整理統合が大きな課題である。

公的年金には、周知のとおり積立方式と世代間で所得移転がおこなわれる賦課方式とがある。国民年金は修正積立方式と呼ばれる時期もあったが、その考え方があいまいなまま、今日の実態は賦課方式になってしまった。

すなわち、思わぬ超高齢化社会の到来を見落としていたために、すでに制度としては行き詰まっているのだ。国民に、既存の受給権を保障しながら所定の給付を続けていくためには、現行制度外から必要資金を補給しなければならない。

このようなことで、公的年金制度は、目先の手直しではなく、持続性があり、国民にもわかりやすい制度に、その根底からの立て直しが必要なところまで来てしまっているのである。

次に医療保障制度について見てみよう。この分野に国民皆保険制度が導入されたのも、年金同様六一年のことである。ただし、国民健康保険についてみれば、保険料滞納世帯比率は約二〇％に達している。建て前はそれとして、この不況下、現実に医者の所へ行けない子供たちがいることも見落としてはならないだろう。

わが国では、医療制度の運用に当たり、所得格差が医療格差をもたらさないことを理念としてきた。しかし、このことが、国内での高度医療の発達に対し抑制的に働く結果、いくつかの問題をもたらしている。

例えば、保険診療と保険外診療との併用、いわゆる混合診療が禁止されているが、このことが医療技術の進歩や患者のニーズの実態に合わなくなっている。また、高度技術や医師が海外に流出し、医療がこれからの先端産業と期待されながら、その成長分野としての基盤が失われてしまっているのだ。

高齢者医療その他細かい問題は割愛する。現在、日本の医療制度そのものが保険制度の理念に縛られている。競争原理の働きにくい35兆円が、保険制度の枠内に閉じ込められているのだ。果たしてそれでいいのか。

かつて共産主義は、自らの理念を追いながら衰退の道を歩んで行った。医療保険制度については、目先の手直しではなく、ここで、その大枠につき、国民の間で一度よく議論をしたいところである。

最後になったが、十年前に発足した介護制度については、いま多くの国民に感謝され、それは今後も変わらないと思う。

そこで一点だけ強調したい。

この就職難の時代に、今後の雇用の柱といわれる介護士だけが、就職希望者が必要数だけ集まらないのだ。なぜか。

それは、その職業の本質が、政府関係者に正しく理解されていないからだ。介護ほど、頭と、心と、そして体力を必要とする職業はない。スケジュール的にも非常に厳しい仕事である。

それにしては、現在の報酬はあまりにも低過ぎないか。

〇八年に『老老介護』（PHP研究所）を執筆した私としては、言いたいことはいろいろあるが、ここでは、この一点だけを強調しておきたい。

さて、介護の問題をその根底から市場原理にさらすことには無理がある。したがって、介護士制度の基盤は、今後も国の力によることが欠かせない。

しかし、その先の高齢者問題、例えば老人ホームをはじめ各種施設の運営などは、日常の経済活動に組み込んでいいのではないか。このテーマは地域共同社会の大きな課題でもある。したがって、地方自治体が、この高齢者問題をその業務の一環に組み込むことは大賛成であると同時に、当然の責務と考える。

これからどう生きて行くか、日本人集団の日本の人生論

三つの代表的な社会保障制度について問題点を簡単に述べたが、そのうえ繰り返し指摘しているように長寿化と少子化である。これまでの単純な延長線上では考えられなくなる。

さらに、これまでの切り詰めた財政支出が原因で、例えば安全保障や、教育・科学・文化の面で無理が生じている。しかし、安全保障については、この東アジアは、まだ決して安定した地域ではない。教育・科学・文化についても、経済大国後の日本

にとり、非常に重要な分野であるが、現在は政策が手薄ではないか。

社会保障自体についても、いわゆるセーフティ・ネットなどの面で、万全ではない。

貧すれば鈍するである。

すでにお気づきかと思うが、私は頭の中で仕分けをし、市場原理の導入できる分野は社会保障の負担からはずすようにしたつもりである。しかし、そのことにも限界がある。

一口に日本版大きな政府といえば国民負担がかなり増えざるをえない話になるのだ。

どうもいろいろと考えてみたが、これは日本人個々の人生観、ひいては日本人集団の人生論の問題に行きつくようだ。日本人集団の日本が、これからどう生きていくかである。

さいわい日本は、その高度成長を経て経済大国を極めても、ごく少数の例外を除けば、日本人全体としてカネに溺れることもなければ、モノに溺れることもなかった。

このことは、すでに述べたように、大多数の日本人が自らを中間層と思っていることからも明らかである。

前回の国家構想の第二で、私は人間性の豊かな国の実現を描き、第三で、恵まれた自然が生かされた国土の建設を呼びかけた。これこそが、日本文化の根源であると信じる。

そして、第四の積極的平和主義に基づき、第五に、人類のために、地球未来への貢献を主張させていただいた。

日本は、懐は少々寒くなるが、大きな志と温かい心を抱いた人間集団でありたいものである。

消費税率二〇%の実現に向けて、どう対応するか

いま、ここで、以上述べたような社会保障などの負担増を織り込んだ数字を私が積算して持っているわけではない。国民の誰もそこまではやっていないだろう。しかし、長年経済関係のビジネスに従事してきた者として、私はおおよそ欧州主要国並ではないかと考えている。

それは、前述のとおり国民負担率でいって最低でも英国、ドイツ並の五〇％ということになる。現状から一〇％引き上げなければならない。過去に累積した赤字や超高齢化など日本の特殊事情を考えると、これでも不十分だが、いまそれを言えば話は前へ進まなくなる。この一〇％を全部消費税で背負うとすると、ごく概数でいって税率を一五％引き上げなければならない。合計で二〇％である。ご存知の方も多いと思うが、世界の主要国では、わが国の消費税に相当する付加価値税の税率は、二〇％がごく当たり前なのである。

だが、それにしても、なぜ消費税が負担するのか。それは、いまここでは主に社会保障について考えているが、社会保障は広く国民や地域住民が担うのが、公平で素直な考え方であるからだ。消費税であれば、高齢者も、その日常生活のなかで応分の負担ができるのである。

もっとも、消費税にはもう一つの大きな問題がある。それは、低所得者ほど生活のなかで消費税の負担を重く感じるという、いわゆるこの税の逆進性の問題である。そのために、一部の国では生活に最低欠かせないパンなどの食料品については、税率を軽減している。しかし、この税の本質が商品やサービスの生産や販売など経済活動の各段階でその付加価値に課税されるものであるので、このような一部食料品の課税軽減は、課税制度を複雑にするおそれがある。これに対し、近年一部の学者や実務家から提唱されているのが、給付金制度の導入である。例えば、税率二〇％の時に、全世帯に対し年間20万円を給付すれば、一世帯当たり１００万円までの消費には消費税が免除されたことになる。２００万円以下の支出であれば、消費税率は一〇％以下に収まる計算である。名案ではないだろうか。このような給付金制度も導入するとしたうえで、どのようなテンポで税率を引き上げるべきか。現在の日本経済の体力は、長い間の成人病でかなり疲弊している。そこで、この際、思いきって毎年一％ずつ、十五年かけて二〇％にまで引き上げることを提唱したい。

果たして技術的に可能か。国民的議論を急ぎ、方向が固まれば、ＩＴ（情報技術）の進んでいる日本、それは可能と考える。この間に、高度医療技術も介護ロボットも革新的に進歩するだろう。団塊世代が八十歳になるまでには、消費税率二〇％に支えられた日本らしい超高齢化社会を完成させたいものだ。世界があっと驚くだろう。

次章は、産業戦略の基本的構図を考えたい。この国家構想の実現を支える強い経済力の構築が目的である。

第十三章
ポスト工業社会、その新しい産業の姿

米国型、ドイツ型、韓国型　日本はどの道を進むのか

小見出しを見て、えっと思われる読者は少なくないかもしれない。ここでは、米州、欧州、アジア州で参考になりそうな国の名前をあげただけのつもりで、他意はないが、なぜ韓国かは追って述べたい。

これからの日本の産業戦略を考えるにあたり、やはり、まず取り上げなければならないのは米国である。この国は世界一の軍事力を有し、その通貨米ドルは世界の基軸通貨である。日本にとり最も親密な国だ。しかし、その相対的な経済力は徐々に後退しつつあり、今後の基軸通貨のあり方についてもすでに問題が提起されている。

そうしたなかで、産業の中心的な方向は脱工業化、すなわち情報化であり、金融化である。この両分野については米国は強い力を有していると評価するが、後述するとおり日本のそれとは異質であると考える。広義のモノづくり産業については、エネルギー産業の先行きに不透明な部分はあるが、新興国の台頭により相対的には引き続き後退するだろう。

次いでドイツだが、この国はEU（欧州連合）の中でモノづくりに関して圧倒的に強い力をもっている。ユーロが存在するので、EUの域内では日本のように自国通貨高の重荷を背負うこともない。

やや異色の英国を別にすれば、ドイツはEUで中心的役割を果たしている。それだけに、政策の共通性がないまま通貨のみ統一されているという、金融危機後にEUが抱えているその本質的問題を、ドイツはそのまま担っていくことになるだろう。

かつてのドイツと異なり、もはや日本をその同じ類型で論じることはできない。

そこで韓国である。アジアで取り上げるとすれば、やはりこの国だろう。私は三十年前から経済的に元気のいいこの国の存在を意識するようになったが、その後NIES（新興工業国・地域）の時代を経て、いまや日本の強力なライバルである。

かつて、日本が世界で圧倒的なシェアを押さえていた半導体生産をあっという間に席巻し、いまや白物家電で日本市場に本格進出をしようという国だ。かつてモノづくりで米国を追い抜いた日本の立場を、今度は日本対韓国の関係で自らが奪おうとしている国である。

今回の金融危機後の不況からも逸速く立ち直った。その韓国産業を日本と対比した特色は、財閥の存在が明確であるために資本力が大きく、経営に決断力があり、官民の連携が徹底していること、品質面で大衆化路線に徹していることである。

もっとも、その韓国も、北朝鮮問題はひとまず横に置くとして、国内的には出生率の低下や農業問題など、日本と同じような問題を抱えている。一方、現時点に関して産業の競争力ということでいえば、ウォンという自国通貨安が大きく寄与している点も指摘できる。

広くアジアでいえば、GDPで見る経済力で日本を抜きつつある中国の存在もある。しかし、中国とは人口で十倍という彼我の差もさることながら、まだ、政治体制や生活文化などで、日中間の開きは非常に大きい。

長い歴史上、日本は絶えず追う立場にあったが、現在、初めて追われる立場を経験しているところだ。何度も繰り返すようだが、いま東アジアは世界一の経済圏になりつつある。そのなかで、大局観でいえば、彼らとはよきライバル関係でありたいものだ。ただ一つ足元で気になることは、彼らの方が、若者たちがずっと元気のいいことである。個性があり、前向きの意欲が強いのだ。日本企業の人事関係者が、新人採用のために海を渡ってそう言っている。

しかし、わが国は、産業の基盤、その技術力や開発力ではまだ先頭を走っていると考える。この広い世界に、参考にはなりえても先導してくれる国はないのだ。したがって、わが道を行くのである。その道は、ポスト工業社会の道である。

産業はなぜ落ち込んだか、その問題点を列挙すると

さて、前節で日本は追われる立場にあると述べたが、その現状は深刻だ。この実態は、もう少し詳細に見ておかなければならない。なぜならば、このことが失われた二十年とも深く関係しているからである。

そこで、まず世界全体の流れを見ておこう。日本の高度成長が終わったのが一九七

〇年代の半ばであったが、まさにこのころから、特に東アジアを中心に新興国の台頭が始まった。今日の彼らの力量、存在感は、G8からG20へと、今回の世界不況のなかでわれわれが実感しているところだ。これは、先進国全体が関係する問題である。

そのなかで、今日の失われた二十年は日本固有の現象だ。日本は、七〇年代後半に始まった西側先進国社会の大きな自由化の流れに対し、反応が鈍かった。さらにそのことと深く関係するが、この時期の大半が、バブルとその崩壊、および日本版の金融ビッグバンと重複してしまった。これは、日本経済にとり大きな負担となった。

この間、企業は規模を問わず過剰なヒト（従業員）、モノ（設備）、カネ（負債）の削減に追われた。本来前向きに評価されるべき新会社法も、不慣れな企業統治や四半期決算などで、前向きの資本活動が鈍化するところとなった。

このような状況が、全体として産業界の活発な経営活動を鈍らせてしまったのである。

例えば、自由化の後れにより、医療や農業など発展が期待される分野でその技術開発が後れをとるところとなっている。モノづくりの量産分野でも大型投資の決断力が非常に弱くなった。また、近年始まったことではないが、日本にはベンチャー企業の育ちにくい社会風土がある。もちろん、順調に成長しているベンチャー企業もあるが、多くの若者が新しい企業の立ち上げに躊躇している。これを支援する金融力も弱いのである。

これだけ新興国が台頭しているなかでのもう一つの問題がある。わが国産業をガラパゴス諸島で独自に進化した生態系になぞらえたいわゆるガラパゴス現象と、これと密接に関係している過剰品質体質である。このようなわが工業製品の特性が、前者は自らが市場を狭隘化することで、また後者は高コストをまねくことで、新興国の勃興による大型量産化時代にそぐわないのではないかという。

前述の投資判断の迷いも、その背景にここでいう高コスト体質があるからだというのだ。

これらは非常に悩ましい問題である。多くの読者とは意見が異なることを覚悟のうえで、私の考えを述べよう。

まず、日本産業の特色は、その商品の個性も高品質も、世界では際立って水準の高い国内市場の上に成り立ってきた。日本の産業が絶えず先頭を走っているのは、このことによる。

しかし、それは絶えず追われる立場にある。したがって、これこそ自転車操業で、日本の経営は絶えず新しい製品と高品質を求めて先頭を走っていなければならないのだ。これが日本のブランドというものである。

もしそのような立場を否定しようというのであれば、結局、それは、それが韓国風であれ、新興国社会に飛び込んで新興国並の経営をしようということになるのではないか。

それはそれで、企業経営としては一つの立派な行き方であると思う。この発展する東アジア経済圏で、日本の資本力や技術力の活躍する場がじゅうぶん得られているからだ。しかし、それでは、資本は満足できるが、日本列島の中での雇用や文化の拡大にはあまり寄与しないことにならないだろうか。

私が悩ましい問題だと表現したのは、それは結局個別企業の選択の問題であるからだ。だが、これでは、私としては日本経済をいかに活性化するかという問題に対して、答えを半分も出していないのではないか。

そこで、話をもう少し先へ進めよう。

ポスト工業社会が展望する、全く新しい産業構造の姿

第二章で、私はダニエル・ベルの『脱工業社会の到来』（ダイヤモンド社）を引用しながら、ポスト工業社会の概念を描いた。それは、単純に経済の発展段階で工業社会の次に訪れる情報社会を指すのではなく、それは農業社会も工業社会もそして情報社会も重層的に積み上がった新しい産業の態様を指すのである。

わかりやすい例でいえば、屋内でコンピューターに管理されながら穀物や野菜が半自動的に生産され、無人工場ではロボットにより電気自動車が組み立てられ、過疎地の病院で高齢者が遠隔操作による高度医療を受けているようすを思い描いていただきたい。

これでは何かスケールの小さい話だと思われる読者には、昨年秋打ち上げられたGPS衛星「みちびき」の例をご紹介しよう。GPS（全地球測位システム）はすでにカーナビゲーションでよく知られているが、「みちびき」は日本列島とオーストラリアの上空を8の字を描くように周回する準天頂衛星で、地上での誤差はわずか数セン

チメートルと極めて小さくなる。この機能を活用して、やがて広大な田畑で無人農機を自動運転する時代が訪れるのだ。

突然、大風呂敷を広げたと思われるかもしれない。今度は微小な話題にしよう。現在、ナノの世界で先端科学に支えられた技術がどんどん進んでいるのである。ナノバイオロジー（DNAやたんぱく質などの生体高分子物質を研究する生物学）やナノサージャリー（超微小手術）がそれである。ちなみにナノとは単位の十億分の一を表すことばである。

私が考えているポスト工業社会とは、このような最先端の科学を産業の技術としてどんどん取り込んでいく社会である。日本産業の特技として高度な大量生産そのものを否定するつもりは全くない。しかし、この分野において今後も先進国であろうとするならば、それは、先端科学で支えられた技術で、絶えず先頭を走らなければならないのだ。それができるか、ということである。

そのためには、教育も雇用もその内容が大きく変わるのだ。当然、競争心を欠くひ弱な若者を育ててはならないが、労働の中心は体力から頭脳や心にシフトするのである。もちろん、職種によりそのあり方は異なる。スポーツ選手は、頭脳も心も使うが、まず強くなければならない。医療や介護の関係者は、体力も頭脳も心も等しく高い水準を求められるので大変だ。

しかし、多くのビジネス・パーソンは、頭脳を使うことが中心になる。ベルも、前述したとおり彼のいう脱工業社会の労働の性格について、理論的知識が中心的地位を占めるという基本的変化を指摘している。

もっとも、日本が進歩してポスト工業社会になるといっても、これからの日本の若者は、油断をしてはならない。なぜならば、これからは、ここでいうビジネス・パーソンの世界も競争が激しくなる。この東アジア経済圏で人口が多い他の国・地域の若者たちも頭がいいからだ。しかも、企業経営者の好む肉食系人物が多い。すでに、域内で、国境を超えた海の向こうのヘッド・ハンティングが当たり前の時代を迎えつつある。

日本の若者たちが、この日本列島で生まれ育ったという地の利をどこまで生かせるか。これは、日本のアイデンティティを守るためにも重要なことだ。

産業戦略の基本的構図、その第一歩を踏み出そう

いま私が考えているのは二十年後の日本列島の姿であるが、差し迫った課題は、足元の失われた二十年からの再起である。その産業戦略の基本的構図は、すでに述べたように徹底した先端科学の追求であり、それを基礎にした独創的な技術の追求である。

これを一部の科学者やエンジニアに任せようというのではない。職業人の多くがそれを自らの天職として、層の厚い頭脳集団をつくる必要があるのだ。裾野がしっかりした山であればこそ、東アジアで抜きんでた峰を築くことができるのである。当然これを支える経営者層も強固なものでなければならない。

このぐらいの気概がないと、世界でトップ・ランナーであり続けることはできないのではないか。それが日本経済の置かれた立場である。

もちろん、人びとの人生にはもっと幅があっていい。人の生きる道には芸術もあればスポーツもある。前述のとおり、看護師や介護士の仕事は心も頭脳も体力も高い水

準が求められる。

さて、このように、これまでにも増して必要なのは社会人になるまでの教育である。それは、人間教育から始まって基礎教育、専門教育や高等教育である。これらの充実が、今日、日本社会に課せられた喫緊の大きな課題であると考える。その水準こそが、世界のトップ・クラスであらねばならないのだ。

いろいろ述べたが、教育、学問への投資こそが、産業戦略の第一歩である。そのための財政負担は、国民全体の覚悟が必要である。

二十年後には、自然が豊かな日本列島に、緑の山と田園が広がる。そこに、水準の高い教育機関や各種研究所、いろいろな機能の東アジアセンターが点在することになる。かつての工業団地には、世界の最先端をいくロボットが稼働する無人工場が立ち並ぶだろう。

さて、足元でＴＰＰが注目されているが、次章は東アジアと環太平洋の二つの経済圏について考えてみたい。

第十四章 日本にとっての東アジアと環太平洋

日本列島の地政学的位置が問う二つの経済圏との関係

日本のTPP参加が注目されている。今回は東アジアと環太平洋、二つの経済圏について考えたい。

東アジア経済圏とは日本を東北部に置き、その南方の諸島諸国・地域と西方の大陸や半島の諸国とに展開する経済圏である。一方、環太平洋経済圏とは、太平洋を中心におおよその周辺に存在する諸国・地域で形成される経済圏である。

ここでは台湾を地域と呼び、香港は中国の一部とみなす。日本ほか多くの国・地域が二つの経済圏に重複して属している。

日本はその両方において重要な立場にある。米国は後者において要となる地位にあり、前者にも強い関心を示す。したがって、日本は、その地政学的位置から二つの経済圏との関係のあり方が問われるのだ。

ここでは、ひとまず経済圏と呼んだ。だが、広く東アジア太平洋ということでいえば、この国際地域社会は、伝統的安全保障以下、政治や外交上の多くの課題、さらには域内の例えば鳥インフルエンザや海賊などいわゆる非伝統的安全保障の分野でも、多くの課題を抱えている。

これから述べるように、東アジア地域の経済力が強くなればなるほど、太平洋までを含めたこの広範な地域を一つの国際社会と認識して取り組まなければならなくなるのだ。

それは、ヨーロッパ北大西洋地域とも異なるものである。なぜならば、ヨーロッパ北大西洋は、米国も含めすでに成熟した国際社会が形成されている。これに対し、東アジア太平洋は、まさに東アジアという経済的に勃興しつつある地域である。同時に、その中には、共産党一党支配で国際社会では未成熟な中国という経済大国が存在している。

さて、東アジアと環太平洋という二つの経済圏ということで話を始めているが、この二つには大きな相異点がある。それは、東アジア経済圏がすでに実体的な経済圏であるのに対し、環太平洋経済圏はすぐれて政治的な存在であることだ。

東アジア経済圏も、近年では東アジア共同体構想など、そこに政治的要素はある。だが、この地域の過去四十年の歴史、なかでも後半の二十年で、世界の工場ともいわれるモノづくりの経済社会が構築されていることを見落としてはならない。この地域の域内交易は欧州連合（EU）に劣らぬほど活発だ。

一方、環太平洋地域が経済圏として注目されるようになったのは、近年のことだ。もとより、この域内でも、太平洋を介して米州大陸やオセアニアからの資源と農産物の輸出、あるいは日本を含む東アジアからの工業製品輸出など、その交易は莫大な量に及ぶ。だが、それらは東アジアの域内交易に比較すれば、これまではるかに相互の有機的関連性は弱かった。

しかし、この地域には、一九八九年以降すでにアジア太平洋経済協力会議（APEC）という国際会議体が存在する。また、最近は後述する環太平洋経済連携協定（TPP）が注目されるようになった。重要なことは、近年、米国が太平洋に強い関心を示し始めていることである。

この二つの経済圏の動向は、それぞれ米国と中国の将来にも強い影響を与える。日本は、両経済圏と地政学的に密接な関係にあることは前述のとおりだ。そこで、この観点から二つの経済圏について考えてみたい。

そもそも東アジア経済圏はどのような存在であるか

ここで東アジア経済圏というときの東アジアとは、本書では原則として東南アジア諸国連合（ＡＳＥＡＮ）諸国と日本、中国（香港を含む）、韓国の三カ国、それに台湾とインドを指す。世界の工場を念頭に置いているので、台湾をはずすわけにはいかない。インドは、その他の国・地域とはやや異色な存在だが、日本の立場でこの経済圏を地政学的に論じるときには、その中に入れたい。

それでは、なぜこの東アジア経済圏が形成されたか。各国・地域で事情はさまざまだが、歴史の流れとしてごく大局的にいえば次のとおりである。

第一に、東西冷戦下ではあったが、特に八〇年代はその終盤に入り、東アジアは総じて平和な時代を迎えつつあった。多くの発展途上国にとり、この事実は重要である。

第二に、一部に例外はあるが、また国家体制の相違はあるが、それぞれの国・地域は、それなりに政治が安定していた。

第三に、第二とも関係するが、各国・地域とも、辺境地は別にして民度は相応の水準にあり、また多くの地方の人びとが、アジア人らしい手先の器用さや勤勉さを持ち合わせていた。

第四に、以上述べた事情を背景に、多くの先進国から資本や技術が流入する時代を迎えた。特に日本は、一つにはアジア太平洋戦争の経緯をふまえた多額の政府開発援助（ODA）の拠出があり、また折からの円高を背景にして生産拠点の海外進出もあり、製造業の資本や技術がこの地域に向けて積極的に投入された。この日本からの投資が、広範な東アジアにモノづくり産業の有機的な体制を構築するのに寄与していることは特筆していいであろう。

第五に、比較的短期間で高度な製品の生産が可能になった背景として、情報化時代にふさわしく、多段階な生産工程での部品のモジュール化（標準化）が進んだことがあげられよう。

このような東アジアが、一つの実体的な経済圏として認識されるようになったきっかけの背景に、六七年に誕生していたＡＳＥＡＮの存在を見落とすことはできない。

この地域で、彼らの呼びかけでＡＳＥＡＮ＋日中韓三カ国の首脳会議が生まれたのは、九七年のアジア通貨危機の時である。小渕恵三内閣の時代だ。日本から提案された宮沢構想なども貢献して危機は脱出したが、これが契機となって、その後ＡＳＥＡＮ＋３の首脳会議が毎年開かれるようになった。また二〇〇〇年にはチェンマイ合意が成立、この合意は通貨スワップ協定として成長しながら今日まで続いている。

実は、後に日本が提唱するかたちで、これにオーストラリア、ニュージーランド、インドが加わってＡＳＥＡＮ＋６の首脳会議が成立した。日本の目的は膨張する中国を牽制することにあるようだが、その意味で、経済圏というよりは政治色の強い会議体である。

わかりにくい話だが、この＋３と＋６の両首脳会議は、同時期に日時を少しずらせて開催されている。日本と中国双方の顔を立てたかたちなのだ。

さらに読者にとり複雑なのは、私が東アジア経済圏を論じる時に、その概念にインドを加えていることだ。インド社会は手先の器用なアジア人社会とは少し異色である。だが、ポスト工業社会まで展望すれば、彼らは数学と英語に強い利点を有している。東アジア社会も、いつまでも単純なモノづくり社会ではないだろうと思うようになった。

それでは、なぜ、あえて東アジア経済圏にこだわるのか。

それは、欧州にはＥＵがあり、例えば国際社会で、ある工業規格の国際標準を決める時に彼らの発言力は強い。それでは、この東アジアでもまとまることはできないのか。あるいは、共通通貨までとはいわないが、前述の通貨スワップ協定を発展させて、域内での債券発行や貿易決済のために東アジア・バスケット通貨を創設することはできないのか。さらに、この東アジア全域で、自由貿易協定（ＦＴＡ）を締結できないのか。

いろいろ課題は多く、未来への夢は広がるのである。

環太平洋経済圏が有するその政治的意義を考える

ここでいう環太平洋経済圏とは、前述のAPECの範囲内としておこう。APECは、八九年にオーストラリアの提唱で成立したアジア太平洋域内における経済協力のための政府間協議体である。

当初加盟国は、日本、米国、カナダ、オーストラリア、ニュージーランド、韓国、それにASEAN六カ国（インドネシア、マレーシア、フィリピン、シンガポール、タイ、ブルネイ）の十二カ国。その後、中国、台湾、香港、メキシコ、チリ、パプアニューギニア、ベトナム、ペルー、ロシアの九カ国・地域が参加している。

東アジアの主要国ではインドが入っていない。インドは太平洋に面していないのだ。

さて、周知のとおり一〇年十一月に横浜でAPECの首脳会議が開催された。一一年十一月には、米国・ハワイで開かれることになっている。

このAPEC首脳会議と重なるように、日本国内で突如、TPPが話題にのぼった。その背景には、菅直人首相が日本の参加に関心を示したことと、オバマ大統領が米国参加の強い意志を示していることとがある。

日本にとっては、いつものように農業がこの問題の障壁になっているのだが、それでは、そもそもTPPとは何なのか。日本としてこの問題の本質はどこにあるのかを見てみよう。

TPPが発足したのは〇六年のこと。この年ニュージーランド、シンガポール、チリ、ブルネイ四カ国のFTAが発効した。そして、一〇年春に米国、オーストラリア、ペルー、ベトナムの参加を議論するTPP拡大交渉が始まり、後にマレーシアも加わって現在九カ国で交渉が進んでいる。

米国はすでにオーストラリアや韓国とFTAを締結しているが、その米国が今度はこのTPPにも強い関心を示したということで、にわかに注目されるようになった。環太平洋に一つの大きな経済組織が出現することになるからだ。

ここで、簡単にFTAの説明が必要かもしれない。第二次大戦後、世界の理念の一つとして自由で公正な貿易を実現するために、特定国間だけの貿易協定が原則禁止された。その特定国間があたかも一国のように実質的にすべての貿易障壁を除いたばあいにのみ、それらの国の間の貿易協定が認められる。これが、いわゆるFTAだ。

ただし、ここで実質的にということばの解釈で、一〇%程度までの例外が認められると考えられるようになった。そこで、FTAを結ぶ国の間でA国は自動車に関税を掛けたい、B国は砂糖の関税を残したいというような交渉事になるのだ。TPPの特色は、先行した参加国の中に、この例外を厳しく絞ろうとする考えがあると伝えられることだ。日本は、そのために参加することに怖じ気づいているという。しかし、米国も参加する以上、例外がゼロということにはならないだろう。要するにこれからの交渉事だ。

世界、特に先進国社会でFTAが盛行するなかで、日本は、農業が重荷になって、これが唯一の理由とはいわないが、その流れに乗り遅れている。産業がどんどん進歩する時代に果たしてそれでいいのか。強い疑問を呈したい。

TPPに乗り遅れることは日本経済にとり大問題だ

いま、私たちの目の前で、環太平洋が大きく変わろうとしている。

米国は、前述のとおりすでにオーストラリアや韓国との間でFTAが成立している。もちろん、米国にとって二国間のＦＴＡとＴＰＰのようなＦＴＡとでは、参加する際にその内容に段差が生じるのは当然である。しかし、ＴＰＰへの米国の強い意志を考えるとこの段差を乗り越えることはできるだろう。

もし前述の九カ国ＴＰＰ、あるいは仮にも韓国が加わって十カ国ＴＰＰが実現すれば、それは文字どおり実体的な環太平洋経済圏の誕生といえる。ＦＴＡとは、そういうものである。

先に、私は経済圏の現状を、東アジアはすでに実体的な存在であり、環太平洋は政治的な存在であると述べた。しかし、事態がここまで進めば、日本にとり、環太平洋も実体的経済圏そのものになるであろう。それは、このことが多くの分野で日本の産業活動に強く影響を及ぼすようになるからだ。

繰り返しになるが、日本列島の目前に広がる巨大な太平洋に、日本の産業活動と関係の深い国ぐにによって、あたかも一つの国のような経済圏が誕生するのだ。それでも日本は、農業を背負っているために参加できないというのだろうか。

この問題は、もう一つ政治的な視点からも検証しておかなければならない。それは中国問題である。中国が難しい存在の国であることは言うまでもない。

そこで、東アジア経済圏とTPP拡大後の環太平洋経済圏とで考えてみよう。ちなみに両方とも実体的経済圏ではあるが、前者はモノづくり中心、後者は交易中心という差はある。

おそらく、中国は、まだ都市と農村の格差など国内事情からこのようなTPPに参加する考えはないのではないか。そこで、日本もいろいろ国内事情はあるが、仮にTPPに参加するとしよう。そうすると、やや大胆な表現だが、政治的に見れば、広く東アジア太平洋経済圏全体で日本が中心的な存在であるという構図が描けるのだ。日米同盟も生きてくる。

TPP参加に向けては坂本龍馬のような構想力が求められる

仮に日本がTPPに参加しないと、東アジア太平洋社会における日本の存在感はぐっと後退するだろう。さらに、仮にもTPPに中国だけが参加するとなると、これは、もう日本にとっては致命傷といっても過言ではないほどの大問題である。

しかし、拡大TPPの交渉は着々と進んでいる。決断の遅い日本を待ってはくれないのだ。

次章は、テーマに地方を取り上げる。「地方の活性化で豊かな国づくりを」と主張したい。

第十五章
地方の活性化で豊かな国づくりを

産業が大きく変わる時代に地方がこのままでいいのか

地方の衰退が叫ばれるようになってからすでに久しいが、最近とみにその実感が強くなってきた。地方の主産業である農業ばかりではなく、建設業や工業までが本格的に元気を失ってしまったからだ。

今回と次回は、この地方のことを取り上げたい。これは、日本にとり深刻な問題である。

ここで、この地方ということばを行政的に定義するつもりはない。おおよそ中央すなわち東京に対する地方、あるいは大都市すなわち東京、大阪、愛知、福岡などに対する中小都市や田舎をイメージしながら書かせていただく。

また、途中から地域主権についても論じるつもりだが、このばあいの地域には地方ばかりではなく、当然、東京や大阪、愛知、福岡なども含まれる。

この際、地方の中心的存在である「村」についても言及しておこう。日本を社会学的に論じるときは、村社会をはずすわけにはいかない。それは、わが国においては、歴史上、行政的にばかりではなく生活共同体としての村の存在が見落とせないからである。今日でも、多くの日本人の心底には、生活共同体としての村意識が息づいている。

村は、経済面では農村や漁村として存在してきた。

しかし、実体的には、まずこの半世紀の経済発展の過程で農林水産業に従事する人びと、特にその専業者が激減してきた。また、行政的にも昭和や平成の大合併を通じ市町村数が激減するなかで、多くの「村」という呼称が消えていった。

もう、明らかに高度成長期の都市と農村という時代ではなくなっている。地方も大きく変質してしまったのだ。

この半世紀、大胆に表現すれば、地方は農業保護政策と公共投資に頼って生き抜いてきた。しかし、農業は、その間に保護政策が障害となり、自立できる産業としては育たなかった。公共投資も、国全体としてその終末を迎えている。

さらに、高度成長期に地方に進出した工業も撤退の速度を増している。そして、より深刻な問題は、全国的な現象である少子高齢化が地方において先行していることである。六十五歳以上人口が半数を超すいわゆる限界状態が、集落ばかりか、地方都市の商店街や団地を襲っているのだ。

失われた二十年といえば、とかく大都市に集中した行政機能や企業活動に目を向けやすい。しかし、ここでいう地方の人口は、日本全体の過半数をはるかに超えている。この地方の立て直しなくして失われた二十年問題は解決しない。日本経済の成人病が、いかに根が深いか理解されるであろう。

ポスト工業社会時代の地方、産業はいかに自立するか

さて、課題は地方の再建である。中央からの支援が当てにならないことは述べたとおりだ。そこで、いかに自立できる産業を育成するかである。

地方が、人材は別として本源的資源を有している産業は、農業や漁業、それに観光業である。さらに、この緑豊かな日本列島全体が、日本の外にいる多くの東アジア人にとり楽園なのである。古来、アジア大陸から見て日本は黄金の島であった。この事実は、ポスト工業社会時代においても重要なことだ。後でふれたい。

まず農業から考えてみよう。残念ながら、多くの地方の田園は農業として国際競争力を持たないまま荒廃しかかっている。大半の農業従事者はもうぎりぎりの高齢化が進んでしまった。競争力強化のための農地の集積も政策の腰が定まらないままに頓挫し、その間に休耕田がどんどん増大している。

極端にいえば、山が多く平野の少ない日本は、グローバル化時代の農業には適していないのではないかと思われる。

しかし、世界で単位当たり耕作面積の大きい、いわゆる農業大国は、米国、カナダ、オーストラリア、ニュージーランドのみだ。その他の国ぐには気象条件や地形、土壌などの違いはあるが、条件は様ざまで日本だけが特別に不利なわけではない。

むしろ人類としては、この地球で、現在約七十億人、やがては九十億人の人びとが食べていかなければならない。

日本は、北海道から沖縄までの南北の差や太平洋側と日本海側との気象条件の開きはあるが、総じていえば、四季があり、温暖な気候に恵まれている。

貿易自由化で、日本の農業が厳しい国際競争にさらされることが恐れられている。しかし、まだ一部ではあるが、コメをはじめ野菜、果実など、工業分野と同様にこの分野でも高品質の農作物が輸出されているのである。市場は世界だが、これもその大きな受け皿となるのは人口三十億人の東アジアなのだ。

ここで想起したいのは、いまポスト工業社会時代を迎えつつあることだ。GPS衛星「みちびき」の話はすでにふれた。農業大国が巨大な農地を大型耕運機で耕し、小型機で種まきをしているというのなら、日本は限られた農地を無人農機で耕し、ロボットに種まきをさせよう。多少のコスト差は、バイオ・テクノロジーを駆使した品質で勝負すればよい。

これからはそういう時代なのだが、日本は、すでに工業でこの道を歩んできた。多くの企業家や資本にとっては、いつか来た道なのである。国内で早く農地利用の自由化を進め、企業家や資本に活用を任せてほしいのである。高齢化した農地所有者には、その農地を現物出資してもらい、後はゆっくり余生を楽しんでいただきたい。

ここで水産業についてもふれておこう。日本は豊かな海の資源に囲まれた海洋国家であり、水産業は重要産業なのだ。

その一環として、御木本幸吉の真珠の養殖にみられるように、古くから魚貝類の養殖技術が非常に優れている。タイやフグに加え、すでに本マグロやブリなど大型の回遊魚までが養殖される時代を迎えている。まだ天然物と養殖物とでは脂ののり方などその味に差があるが、こうした問題も、養殖手法など広義のバイオ・テクノロジーが解決してくれるだろう。

これら魚貝類の養殖も、東アジアの市場を視野に、一大産業としておおいに成長することが期待される。

さて、この南北に細長い日本列島には、スキーができる北国もあればダイビングのできる南国もある。温泉もある。そのうえ風光明媚であるばかりではなく、神社仏閣など古い時代からの東洋文化が蓄積されている。観光資源の宝庫なのだ。

この日本列島が、東アジアの中では、人びとの住みたくなる楽園のような島じまであることはすでに述べた。しかも、この数十年に整備された社会的基盤、インフラは、情報化時代の通信網を含め世界最高水準であるといってよい。

すでに述べたように、二十一世紀はポスト工業社会時代を迎え、研究開発機関や高等教育機関など知的産業が非常に重要になる。そこで課題になるのが、このような職業に従事する頭脳集団に、どのような居住環境が提供できるかである。

ポイントは二つ。世界主要都市へのアプローチのよさとアメニティー（住環境）の水準の高さである。日本には、このような条件が整えられる地方は、少なくないと思う。

地方の地域共同社会が築くＩＣＴ時代の超高齢化社会

さて、話題は変わるが、この数十年における日本の大きな変化は、生活共同体が失われてしまったことだ。

戦後、個人主義が説かれ、経済発展が進むなかで、私たちは家庭という人間社会の存在を希薄化させてしまった。そして、地方では、工業化の進む過程で村という生活共同体が崩壊し、一方、都市では、グローバル化によりコーポレート・ガバナンス（企業統治）が厳しくなる過程で会社社会という生活共同体までが消えかかっている。

敗戦から数十年、日本は、いま先進国の一つに数えられるまでになった。しかし、価値判断の問題は残るが、私たちは、伝統的な日本の生活共同体を失いかけているのだ。

もちろん、地方にはそれぞれ祭りがあり、都市にも趣味のサークル活動がある。生活共同体が失われつつあるといっても、これは程度問題だ。だが、この日本で、他の国ぐにに先がけて未知の高齢化が進みつつあることも現実問題である。

この視角から見れば、生活共同体機能の希薄化は深刻な問題である。現に、一人住まいの高齢者が著増しているのだ。人生における晩秋期、高齢化という段階はほとんどの人が通過しなければならない。超高齢化とはそういうことである。

しかし、この高齢者の生活を、もうほとんどの人が家庭で支えることも国の施設が支えることも無理であろう。

ここは、ぜひ身近な地域社会がその機能を果たさなければならない。異論はあるかもしれないが、私の考えをいえば、大都市においても地方においても、身近な生活共同体の復活が欠かせないのだ。

ここで重要になるのが、地方自治体の存在である。地方自治体がどこまでその機能を担うことができるかだ。

と言っても、すでに高齢化時代であり人口減少時代である。人の力には限界がある。だが、時はポスト工業社会時代、ここはICT、すなわち情報通信技術の出番なのだ。地域全体に張り巡らされたセンサー付きの通信ネットワークが、おおいに力を発揮することになる。

プライバシーをどのように守るかという難題が残るのは確かだが、このネットワークが、看護師や介護士をサポートして、高齢者の生活をしっかり見守ってくれることだろう。

そして、これから急速に発達する生活ロボットが、人力の不足するところを補ってくれるに違いない。懐疑的に思われる読者も少なくないかもしれない。しかし、人生七十数年生きてみて学んだことは、社会の変化の大きさと科学技術の進歩の速さである。二十年も経つと、社会変化にせよ技術進歩にせよ、程度を別にしていえば、方向は明らかにそちらへ向いていることが分かるであろう。

実は、経済界では、すでにこの程度のことは日常茶飯事のこととしてこなしてきている。そうであるからこそ、生産現場では世界一高度な産業用ロボットをつくり、鉄道では時速三百キロ超の新幹線のダイヤを数分間隔で組むことができるのだ。

問題は、このように高度な高齢者用のロボットやネットワークを、どのようにして一般の経済活動の流れに乗せるかだ。

そのためには、まず強い需要拡大が必要だが、これから高齢者はどんどん増えていく。それでは、資金はどうするか。日本には、１４００兆円もの個人金融資産があるという。カネの心配は不要というものだ。

地域主体の政治行政実現に州制導入が不可欠である

この章では、地方におけるポスト工業社会時代の産業活性化と生活共同体復活を描いてきた。

これらの実現には情報通信技術やバイオ・テクノロジーの進歩が大前提だが、もう一点、農業自由化を含め社会自体が大きく変わることが必須要件だ。なぜならば、政治や行政の在り方を大改革し、足腰の強い地方産業を育てあげるとともに、生活共同体を革命的に改造しなければならないからだ。

州	人口	現在の都道府県
北海道	552	北海道
東北	941	青森　岩手　秋田　宮城　山形　福島
信越北陸	762	新潟　長野　富山　石川　福井
北関東	1411	茨城　栃木　群馬　埼玉
東京特別	1002	東京23区と諸島　沖縄
南関東	1989	東京都下（除く諸島）　千葉　神奈川　山梨
東海	1494	静岡　岐阜　愛知　三重
関西	1197	滋賀　京都　兵庫　奈良　和歌山
大阪特別	868	大阪
中国四国	1162	鳥取　島根　岡山　広島　山口　愛媛　高知　徳島　香川
九州	1326	福岡　佐賀　長崎　熊本　大分　宮崎　鹿児島

「地域主権型の州制」導入の私案（人口単位:万人）

そこで、ここで改めて地域主権確立のための州制導入を提言したい。

詳しい内容は次章にゆずるが、まずイメージをつかんでいただくために、州制導入の私案を、一つの叩き台として図でお示ししておきたい。

ここでいう州とは、これまで国家、すなわち中央に集中していた政治や行政の大半を地方に移譲しようというもので、その受け皿となる地域の単位といっていいであろう。

現在の四十七都道府県を十ブロック前後の州制、あるいは道州制に再編成してはどうかという考え方は以前から存在していた。私自身も四半世紀ほど前に「二十一世紀経済基盤開発国民会議」（隅谷三喜男議長）という私的研究会で、仲間たちと州制導入を議論したことがある。近年は道州制ともいわれるが、ここでは州制と表現する。

四半世紀前の当時は、わが国も高度成長を終え二十一世紀へ向けて新しいステップを展望する時期であった。現在から考えれば、日本経済はまさにバブルに突入しようとするタイミングにあったのだ。

今日の州制導入は、後述するようにいわゆる地域主権の確立と一対にして考えられている。四半世紀前も基本的には同じ思想であったが、あえていえば、高度成長後の日本経済をふまえ、力点の一つが、都道府県単位の考え方をもっと広域化しようということにあった。

ちなみに、ここで示した人口数百万人から一千数百万人というのがどの程度の規模なのか。参考までにノルウェー、スウェーデン、デンマークなど北欧三カ国やスイス、オーストリアは、いずれも人口一千万人に満たない国である。

それでは、経済力でいえばどの程度なのか。世界は大きく動いており、為替変動もあるので単純な比較はむずかしいが、いわゆる域内総生産（GDP）で見ると、北海道のそれは、国連加盟国百九十二カ国の中で、おおむね上位二〇％台である。

次章では、なぜ州制導入なのかを具体的に論じたい。

第十六章
州制導入が築く地域主体の新国家体制

なぜ地域主体の国家体制実現がそんなに重要か

今回、このゲラ（校正刷）の最終段階で東日本超巨大地震が発生した。まず、直接被災された方々に、心からお見舞い申し上げたい。「日本丸」も大きな海難に遭遇した立場だが、このまま航海を続けさせていただく。

前章から地方の活性化を論じている。歴史が大きく変わりつつあるいま、平成大改革の機であると考えるからだ。

前章、地域主権確立を念頭に置いた州制導入の私案を示させていただいた。今回は、その要点の説明から始めたい。

この私案は、日本を北海道、東北、信越北陸、北関東、東京特別、南関東、東海、関西、大阪特別、中国四国、九州の十一の州で構成することを基礎としている。具体的な現都道府県の所属は前回の図表に示させていただいたが、ここで若干のコメントを述べておこう。

東京と大阪は、それぞれ特別州とした。東京は二十三区と諸島で構成され、地域主権確立でかなり縮小するが日本国の首都機能をここに置く。大阪特別州はこれを補完するもので、両大都市圏の大災害時に、その機能、特に行政機能のバックアップ体制を構築したい。なお、諸島を除くいわゆる都下は、この私案では南関東に所属することにしてある。

もう一つの大きな特色は、沖縄県を東京特別州に帰属させたことだ。私は、たまたま銀行に勤務していた時代に、施政権復帰直後の沖縄電力を担当した経験があり、沖縄県民感情は理解しているつもりだ。歴史的経緯のある沖縄県の九州編入は、とても無理ではないか。

この私案で一番人口が小さいのは北海道であるが、北方領土問題もあり、地政学的に見てその存在そのものが非常に重要である。あえて東北と併合する必要はないだろう。呼称は北海道でも北海道州でもいいと思う。住民の選択に委ねたい。

日本全体がそうだが、特に日本海側や九州が広義の領土問題、すなわち領海や排他的経済水域問題を抱えている。九州も、北海道と並んでこのような地政学的位置付けは強く認識しておく必要がある。呼称は簡潔に九州そのままでいいと思うが、これも住民が考える問題だ。

なお、今後ますます中国の艦艇が往来するであろう沖縄を東京特別州としたのは、同じような問題意識もあるからである。東京都は、排他的経済水域を守るために沖ノ鳥島にもしっかり目配りをしているが、これは、これからも重要なことだ。

さて、東京二十三区を除く関東は、私案では北関東と南関東に二分した。諸島を除く都下は前述のとおり南関東としたが、人口規模で見て巨大なこの関東は、それでも南が十一州の中で第一位、北が第三位となる。

都下をなぜ東京特別州にしないのか。ここで論じている地域主権による地方の活性化のためには、都下は神奈川県を含む南関東がふさわしいと考える。だが、これはあくまでも叩き台であると理解していただきたい。

関東とは反対に中国と四国を合体して一つの州としたのは、双方の規模の問題もあるが、その経済的、文化的関係を考慮したからである。美しい瀬戸内海を文字どおり内海《うちうみ》と考えて、豊かな州を築いてほしいものだ。しかし、徳島が自らは関西というのなら、関係者の総意がまとまるならばそれも一つの考え方かもしれない。

さて、そこで改めて、なぜ地域主権なのか、なぜ州制導入なのか。それは、前回にもふれたように、すでに衰退が進んでいる地方が、このままではますます弱体化するしかないからである。すなわち、もう地方への大きな公共投資もなければ、満足な交付金も期待できないからである。

その背景には、基本的に日本経済がはるか昔に高度成長時代を終え、大型公共投資も終末を迎えたことがある。中央政府は、地方を積極的に支援する財政的余裕を持っていないのだ。

したがって、地方は、中央との関係でいえば、まず経済的に自立しなければならない。独立することが必要なのだ。そのためには、自らが政治をおこなう権限、地域主権をしっかり確立する必要がある。

もちろん、日本という国が存在するからには、国家体制の維持、外交や安全保障、広域的な社会保障などは中央政府が担当しなければならない。当然、中央にも政治やそれを支える財政は必要である。

しかし、地方が経済的に自立するためには、多くの立法権や行政権は中央から地方へ移譲しなければならない。なぜならば、地域の活性化はその地域の責任であり、何よりもその地域の実態は地域自らが最もよく知っているからである。

ことばを換えていえば、それは中央集権国家から地方分権国家への建て替えである。詳細は割愛するが、明治維新以来、日本は世界でも代表的な中央集権国家の一つであった。ここでいう地域主権の確立とは、もっと地方の自治を活発にして、全体として活気のある経済立国を目指そうということである。

突然一千万人の地方自治といわれても、わが地方にはそれだけの人材がいないと考える人がいるかもしれない。だが、念のためにいえば、欧州には人口数百万人の一流国がいくつもあることは前述のとおりだ。

日本人の平均的な能力が彼らより低いとは思わない。だが、政治や行政のプロが不足するということはあるかもしれない。しかし、その人材は、地域主権国家になれば中央政府から大量に吐き出されてくるだろう。

とはいえ、中央官僚の多くは徹底的に再教育をしなければ、地方では役立たないかもしれない。だが、中央官庁の出身で、現在元気よく活躍している数多くの政治家を見ていると、これも杞憂であろうと考える。

もう一つ付言しておきたい。現在の住民に責任のないところで地域間の基礎的条件に差があることは否めない。これらの調整は、ある時間をかけて、民主的手法でおこなう必要はあるだろう。そういう観点からの交付金は必要であると考える。

地域主権を担う州制導入は新国家体制建設に相当する

州制導入による地域主権確立が、国民にとり一大国家事業であることは理解していただけると思う。明治維新からやがて一世紀半、ここでご紹介している構想は平成の大事業である。新国家体制建設に相当するのだ。

私がこのテーマに関心をもったのは、いまから四半世紀余り前、まだ昭和の時代であった。当時は、日本経済も二十一世紀の到来に備える時機で、仲間たちと、主に地方に都道府県を越えた広域行政を実現することを論じていた。

近年この問題が注目されているのは、中央集権に対する地域主権の確立に重点がある。その背景に、地方の顕著な衰退があることはすでに述べた。

州制導入には、国民の力とともに強大な政治力が欠かせないが、さいわい、二大政党もこのテーマには強い関心を寄せている。ただ、懸念は、政治家がこのような国家事業を、その本質は横に置いて、自らの政治的地位や政党間の争いに結びつけてしまうことだ。日本の多くの政治家は未熟で大物がいない。なぜこうなってしまったのか。

もう一つ、国民もいざとなると保守化してしまうことだ。失敗を恐れるのである。たしかに、州制導入は国民の生活に一波乱もたらすかもしれない。そのリスクは否定しないが、それは乗り越えなければならない。

ここで、思いきって改革しなければどうなるか。身近の客観的な条件、例えば生活環境は何も変わらないのであるから、地方の衰退は今後とも気づかぬうちに進むだけである。かつてバブル崩壊後に行動を起こさない経済人が、釜の中で水からだんだんゆだっていくゆでガエルにたとえられた。今度は国民全体がゆでガエルになる番だ。

ここで、読者各位に、私は、地域主権の確立した新国家体制建設に向けて行動を起こすことを、強く呼びかけたい。

自然豊かな緑の日本列島に構築される新時代の共同体

くどいような繰り返しになるが、州制を導入するのは、日本列島にいくつかの州という名のミニ国家を建設しようということである。日本という国家は、その連合体となる。

肝心なことは、州が、州の住民の意志と考えとにより、自分たちの手で運営されることだ。もとより列島の安全保障は国が担当し、自動車の左側通行は現状のままである。しかし、生産活動にせよ消費活動にせよ、日常生活のほとんどあらゆる政治の姿が地域住民によって決められることになる。

州を越えたより広域の問題は、州政府間や中央政府との間の協議で決められるが、そこには、各州の住民の意見が強く反映されるようになる。

州制導入とはそういうことである。これまでは、そのほとんどが官僚によって決められていた。だが、地域の実態、そのあるべき方途を一番よく知っているのは地域住民ではないか。

わが国の鉄道、道路や社会基盤となる建物、すなわちハコモノは、すでにほぼ完成したといわれる。しかし、州という新しいミニ国家を創設するとなると、改めて見直しが必要になることもあるだろう。

それは、ミニ国家機能が必要だからだ。例えば、州都をどこに置くか、これを支える複数の副州都をどこにするか。公民館や図書館など公共施設や文教施設とともに、高度な先端技術を有する大病院の配置が大きな問題になる。さらに、複数の府県の再編で、新しい鉄道網や道路網も必要かもしれない。

それは、新時代の生活共同体、コミュニティの構築である。大事なことは、これはあくまでも例示だが、この投資を州が全部自力でしなければならないことだ。地域主権の確立とは、そういうことである。

しかし、これらを古いハコモノの概念で取り組む必要はないだろう。これからは、ポスト工業社会、すなわち情報通信技術（ＩＣＴ）の時代である。最低限、ヒトやモノを動かすための鉄道網や道路網は必要だろう。しかし、その移動は、ＩＣＴにより最も効率的におこなわれなければならない。

施設、例えば病院の側からいえば、その機能も最も効率的に利用されなければならない。したがって、これも近未来を展望した、あくまでも例示だが、高度技術を利用した遠隔治療が可能になる。ある高齢者が自宅に近い普通の病院に行けば、州都にある大病院の名医による高度な治療が受けられるのだ。

ここで強調したいのは、州政府は、住民のために、最先端のサービス（ここの例でいえば医療サービス）を提供できるようなコミュニティを構築しなければならないことだ。

生産活動においても同様である。資本も企業経営者も自由を好む。州政府が可能な限り自由な経営環境をつくれば、資本も企業もどんどん進出してくるだろう。当然、雇用は拡大し州財政はうるおうことになる。

このように、州の経済を活性化するための環境を整えることこそ、住民の大きな仕事であるといえよう。こうしたことが、これからは州と州の間の競争になる。そこには、競争原理が働くことになるのだ。

いま、改めて日本論を

州制を導入するに当たり、どうしても避けて通れないのが、日本論である。坂本龍馬は、「もう長州でもなければ、薩摩でもなければ、徳川でもない。皆、日本人なのだ」と言った。近代国家「日本」の概念がここから誕生する。州制を導入し、地域主権の確立が成功すればするほど、その「日本」の概念が希薄化するのではないか。

改めて、日本論を考えてみたい。ここでは、その核心的な部分の問題提起にとどめる。

近・現代において、国家成立の三要素は領土、国民、主権である。日本は、一九四五(昭和二十)年、戦争に敗れた。戦後日本は、ここから出発した。天皇は、その象徴である。国際社会において国民が日本国民として行動するときは、国旗、国歌を用いる。これも国の象徴と表現していいだろう。

戦後、戦前の歴史を否定するあまり、特定の思想に基づく一部の指導者により、国旗や国歌が否定された。その思想は徐々に薄れつつはあるが、残念ながらいまだにその影が残る。さらに、戦後の消極的平和主義の影響もあり、日本社会全体に国家意識が薄い。

そこへ、この州制導入である。これが実現すると、龍馬以前の長州だ、薩摩だという時代へ逆戻りするのではないか。

直感的な話だが、その懸念はまず不要と思う。州だけの肩書きで日本を代表して国際社会へ登場することは、ありえないからである。

しかし、州制導入論はいいきっかけだ。このチャンスに、日本人全体で改めて日本を考えてみたいものである。

国民にとり、いかに領土が大事なものか、いかに主権が大切なことか。この強い意識がなければ、積極的平和主義も、地球未来への貢献も、空念仏に終わるだろう。

日本人が日本を愛するならば、まず日本史をしっかり学び、日本文化を大切にし、そして正しい日本語の用法に心掛けることである。若者には、英語は当然として、ぜひ第三外国語も習得して欲しい。だが、国際人としての日本人であるためには、まず正しい日本語を用いなければならない。

第十七章

日本は超巨大地震からどう立ち上がるか

この超巨大地震を時代の流れからこう観察する

この章では、東日本の超巨大地震を取り上げさせていただく。多数の方々が突然に命を失われたことに、心が深く痛む。衷心よりご冥福をお祈りする。また、直接被災された何百万人の方々、あるいは身近な方を失われた皆様に心からお見舞い申し上げる次第である。

この「日本丸」も、執筆の今、まだ地震直後の混乱した状態にあるが、現在時点でわかる範囲で今後の航海への影響を検証しておきたい。

未だ被害情況の全体像も固まらない段階だが、日本の将来を考える立場から、ひとまず次のように認識する。

まず、被災自体に濃淡の差が大きく、その範囲を明確に線引きできるものではないが、ひとまずそれは主に東北、北関東両地方の中にあるとする。

現在時点で報道されている情報で判断すると、経済については、そのフロー（現在の活動状況）についてもストック（蓄積資産）についても、損傷の程度は、百分率でいえば日本全体から見て数パーセント、一桁台の後半ではなかったかと思う。

ただし、これは後述する東京電力福島第一原子力発電所の問題が、現在報じられている状態でそこそこに収まることを前提に置いている。この拙論が読者各位の目にふれる十日後までに事態が大きく悪化すれば、将来を展望した考え方として、その損害の大きさは格段に大きくなる。そうなる確率は、現在時点でまだ高い可能性が残されている。

ひとまず、そうはならないということで話を前へ進めよう。

この地震は、日本にとり、近年まれに見る大事件であった。しかし、後に述べるように大きな課題はいくつか残されたが、経済活動としては、日本が大きく挫折するという問題には至らなかったのだ。

この点は、この地震で直接、間接に被災された方々の現在の実感にはそぐわないかもしれない。しかし、ここでは日本全体のこれからを論じているということでお許しいただきたい。

経済は、損傷が前述程度とすれば、そのフローは一両年で、ストックは、原発問題を別にすれば、それでも社会的基盤（インフラ）の修復には多少時間を要するが、数年から十年ほどで地震前近くまで回復できるのではないだろうか。

問題は政治についてだ。今回地震の影響を政治と経済とで同じ物差しで計るべきではないが、政治については、現在、非常に重要な時機にさしかかっていた。だが、その進行が停止してしまった。その意味で、地震の影響は極めて大きかった。

すなわち、政権交代から一年半余を経過した。国民の立場でいえば、やや政権構想力は弱いが、「コンクリートから人へ」に象徴される市民主義的色彩のある民主党政権のままで行くのか、それとも五五年体制の古傷は残るが明快な資本主義の自民党政権に戻るのか、その選択を問われようとしていた。

そこへ突発したのがこの地震であった。後述するが、その影響は極めて大きいように思う。

わが国のエネルギー政策に一石を投じた福島第一原発

その前に、今回経済面での最大問題は、何といっても福島第一原発の瓦解だ。

実は、私自身、銀行時代に、営業部門にいる時も調査部門にいる時も、電力の担当が大変長かった。それだけに、現在、非常に無念な思いでこの文章を書いている。もう半世紀近くも前になるが、関係者のなかで日本における原子力発電導入の重要性を論じてきた。その安全性については科学の力を信じていた。しかし、今回の現実を目の当たりにして、自らの判断の誤りを強く自覚している。それにしても、日本経済はその成長のためにこの道を歩むほかはなかったのか。

原発は、事故の影響力の巨大さを考えると、「想定外」という釈明はいっさい許されない。今回、地震の規模や津波の高さが、想定内であったのか、想定外であったのか。

想定内というならば、手遅れではあるがその責任の所在は徹底的に追及されなければならない。想定外というならば、そもそも最初から間違えていた。日本は、他の国がどうであれ原発を導入すべきではなかった。

結論を先に言えば、もう地震の多いこの列島に原発を置くべきではない。困難なことだが既存の原発も可及的速やかに停止すべきだ。今後も隕石落下の可能性はゼロではない。

世界各国のこの日本の事故の受け止め方は様ざまであろう。しかし、人類としては、いまや地球環境問題への取り組みが大きな課題となっている。

原子力も広い意味では二酸化炭素を発生しないクリーン・エネルギーの概念には含まれる。しかし、これからは、その本流はグリーン電力とも呼ばれる自然エネルギー、すなわち太陽光や太陽熱、風力、水力、波力、植物系生体のバイオなどの方向へ向かっている。

日本も、さいわいポスト工業社会の時代を迎え、これから年々電力需要が増大する時代ではなくなった。これを機に、思いきって経済や生活文化の舵を切るタイミングではないだろうか。さいわい自然エネルギーの開発は、日本の得意とする産業技術の分野の話でもあるのだ。

話を元に戻そう。そもそもなぜ事態がここまで拡大してしまったのか。原発には、止める、冷やす、閉じ込めるという三段階の制御装置があったはずだが、なぜ二、三段階めが有効に機能しなかったのか。

それは、単にハード（装置）そのものの問題だけではなく、これを動かすソフト（組織）に大きな問題があったのではないか。もちろん原発事故は国民にとり重大ではあるが、それにしてもなぜ首相自らが指揮命令系統に直接介入してきたのか。その答えはおおよそ見当のつくところである。

あの三十キロ圏外への退避者の誘導も、テレビ画面を見ながら非常に稚拙であったと感じる。まさか、これまで想定外であったというのではないだろうが――。実は、国民の立場からは、いわゆる計画停電についても、また、そもそも広報のあり方についても、じゅうぶん理解できるものではなかった。

なぜ、これらのことに言及するのか。それは、戦後六十五年を経て、終戦時に築かれた公益事業体制そのものに問題が生じているのではないかと思われるからである。

地震が掘り起こしてくれた日本の生活共同体のあの姿

この原稿を書いていたのは、あの地震からほぼ十日を経過したときだった。その時点で私が非常に強く感じていたのは、地方自治体の逞しい機能である。前二章に分けて、地方における生活共同体の存在感が希薄化しつつあることを指摘し、新しい時代に向けてその再構築の必要性を主張したつもりである。

しかし、地震直後のこの混乱時に、高齢化こそ拭えないが、伝統的な日本の生活共同体のあの姿をテレビ画面に見つけた思いである。市町村の自治体が非常にがんばっている。それぞれのトップを中心に、役場の職員やボランティアがきびきびと活躍しているのだ。

ごく大まかに見て、ピーク時の避難所が二千数百カ所、避難者総数が三十数万人である。その中には乳幼児もいれば車椅子の高齢者もいる。ご苦労の多い当事者からは、この表現はお叱りを受けるかもしれないが、実に整然とした生活ぶりなのだ。その彼らが、例えば集落単位にグループ分けされているのではない。偶然に居合わせた人もいるのだ。家族の消息のわからない人、放射性物質に追われ隣の県から越境してきた人など。

月曜日の夜、NHK総合テレビに「鶴瓶の家族に乾杯」という番組がある。笑福亭鶴瓶が相棒のタレントと予告なしに津々浦々の町や村へ行き、手当たり次第に家族を訪問する。彼らがかもし出すその町や村の素顔の生活ぶりが非常に面白い。

地方では、この番組のファンも多いようである。経済を論じるためには、都会のみならず地方の生活を知らなければならない。私にとって、この番組は非常に重要な情報源の一つだ。

そこで形成された地方の生活のイメージに、情況こそ違うが、今回の避難生活がオーバーラップされる。そこには、しっかりした生活共同体があるのだ。

この混乱の中で、町や村に小さな犯罪まで皆無とは思わない。しかし、海外からの目で見て、こういう時、日本人は実に整然としている。天皇も、今回の被災者に向けたお言葉の中で、「海外においては、この深い悲しみの中で、日本人が取り乱すことなく助け合い、秩序ある対応を示していることに触れた論調も多いと聞いています」と言及されている。

繰り返しになるが、前々章、私は地方の活性化で豊かな国づくりを説き、前章、州制導入により、地域主体の新国家体制を築くことを主張した。この地震を体験して地方の生活共同体の水準の高さを見るにつけ、私は、それは可能であると自信を深めた。このことを契機として、ぜひ新国家体制を構築したいものである。

話題は変わるが、私は地震の当日、東京・赤坂である研究会に出席していた。八階のフロアーで、自分たちも揺れながら、向かいのビルが大きく左右にしなうのを見た。もちろん全鉄道が止まり、タクシーも拾えない。結局、代々木公園の先のわが家まで、二時間かけて歩いて帰った。これが丸の内など都心からであれば、その倍の時間はかかったであろう。

この時は、東京の多くのビジネス・パーソンにとり、いずれ訪れるであろう首都直下型地震の予行演習になったという。しかし、本番の時は、街自体が崩壊するのであるから、そう簡単には歩けないだろう。

この首都直下型地震も、東海・東南海地震も、非常に高い確率でその発生が予測されている。東京や大阪、名古屋の大地震は、今回とは異なり都市型の地震である。日本経済に及ぼす影響も異質のものとなる。

万全を期することは困難としても、今回を参考にできるだけの対応策を急ぐべきだ。次は大都市型の巨大地震が、高い確率で襲うと私は考えている。

東京や大阪とその圏内では、今回地震を参考にマニュアルの総見直しが不可欠である。何千万人の住民が、当座生きていくことの壁にぶつかるのだ。

取り組むべき今後の課題が超巨大地震の後に残された

さて、この超巨大地震が政治に甚大な影響を与えたことはすでに述べたが、それは具体的にどういうことなのか。四点について指摘したい。

まず第一に、政治がこの非常事態からいかに脱し、いかに速やかに正常時に戻るかである。これは、地震の災害を軽視していいというのではない。むしろ非常に重要視し、一刻も早く復興体制に取り組まなければならないということだ。

そのためには、すぐに復興計画の骨格を描き、それに基づき国と地方自治体の分担を決め、両者連携して実行に着手しなければならない。しかし、その大半は政治家というよりは官僚の力に頼らなければならない。だが、現在の政権党にそういう意識があるのか、心配だ。

第二に、TPP（環太平洋経済連携協定）への交渉参加問題である。この課題は、日本の将来を考えるばあいに、地震とはかかわりなく極めて重要な外交的課題である。六月までに日本としてのスタンスを決める目標で手順が進められていた。しかし、今回地震の影響でその手続きが遅れそうだと伝えられるが、そういうことでいいのか。

第三に、国会におけるこの春の審議の中で、社会保障関連の予算を通じ、そもそもわが国の社会保障のあり方に関する本質的な議論が期待されていた。しかし、執筆の現在時点では、その姿は不透明であるが、そもそもの新年度予算案審議そのものが簡略化（手抜き）されてしまった。年金などの社会保障政策や子ども手当などの福祉政策と財政、すなわち国民負担増とのかかわりの総合的な議論は、実質的に先送りされた。

わが国の財政に巨額の赤字が累積していることは周知のことだが、一方で社会保障などの充実も喫緊の課題である。国民にその本質や争点がよくわかる姿での政党間の議論が、早急におこなわれるべきだ。

第四に、まだ事件の渦中にあるが、原子力発電問題については、その可否につき根本から議論しなければならなくなった。

原発は、資源小国日本では、その経済活動に不可欠な形で深く組み込まれている存在だ。しかし、今回、大事故発生という最後の一線を越えてしまった。これまでとは全く異なった観点からその意義を見直さなければならなくなった。

東京電力で復帰不能な形になってしまった発電力を、これから夏場に向けて具体的にどう補うのか。そもそも全国の原発、特に大規模地震発生が予想される地域の原発の安全性をどう強化するのか。そして将来へ向けて原子力に依存しない経済や生活文化をどう構築するか。

福島原発事故により、「日本丸」は非常に重い課題を背負った。現与党にこれらの問いに対する回答を出す能力があるのか。ここは思いきって、日本の全政治力を結集する体制が必要ではないか。

次章は、農業や観光業とＴＰＰ問題を取り上げたい。

第十八章
ＴＰＰ参加が地域社会を蘇生させる

ＴＰＰ参加は待ったなし

環太平洋経済連携協定（ＴＰＰ）参加問題にはすでに言及したが、この章で、もう一度正面から論じたい。地震を理由に先送りすることは、許されないと思うからだ。ＴＰＰ参加は、ほとんどの地方にとり主産業となる農業の蘇生を後押しする非常に重要な手段であると考える。

多くの農業関係者は、コメまで自由化するような大胆な貿易自由化は日本の農業を壊滅させてしまうと主張する。しかし、世界の大きな歴史の流れは、そこまでの自由化をしなければ、日本経済全体が壊滅するところまで来ているのだ。

私は、いま、それだけの危機感を抱いてこの原稿を書いている。だが、現状では、農業が壊滅すればそれ自体が日本の終末であることも事実だ。

私は、TPPに参加しても農業は崩壊しない方法があるのではないかと考えている。いつものように前口上から始めさせていただく。そのポイントは二つ。

まず第一に、そもそもTPPとは何か。

戦後、西側各国の経済は関税貿易一般協定（GATT）に支えられて拡大してきた。現在はこれが世界貿易機関（WTO）に受け継がれ、冷戦後は範囲も全世界に拡大している。

しかし、GATT時代から続いてきた加盟国間の多角的貿易交渉は、先進国と発展途上国との立場の相違などもあり、現在、二〇〇一年に立ち上げたドーハ・ラウンドが頓挫したかたちになっている。

この間に勢いをつけて急増したのが、複数国間の個別の自由貿易協定（FTA）である。WTOの全世界一律的な貿易障壁低減に対し、FTAは、詳細は割愛するが、関係国間の話し合いで多少の例外措置が認められている。FTAが世界の大きな流れになった理由がここにある。

だが、日本は、農業が大きな障害の一つになって、この世界の流れに乗り遅れた。

さて、TPPはFTAを主軸にした経済連携協定の一種である。すでに前述したが、環太平洋の概念で、〇六年にニュージーランドやシンガポール、チリ、ブルネイが立ち上げたものだ。これが急に注目されるようになったのは、昨年春以降、新たに米国をはじめ五カ国が参加の意向を表明したからである。

前口上のポイント第二は、私自身の問題である。

私も、長い間、日本が農業大国とFTAを結ぶことには反対してきた。例えば〇七年四月十日付日本経済新聞夕刊の「十字路」に、「日米FTAには賛成できない」という一文を書いた。しかし、今年一月十八日付同欄に、「TPP参加を地政学的に考える」という小論を寄稿、中国が大国化しつつある今日、日本はこの東アジア太平洋経済圏での存在感を後退させてはならないという立場から、TPP参加論を強く説いた。その文中、一年前に考えを転向したことははっきり書いた。

実は、この直近の「十字路」掲載とほとんど同時に、五十年来の研究会仲間、農林水産省出身で現在日本ハム顧問である羽多實《はたまこと》氏から、同氏の新著『新・日本農業の実際知識』（全国農業会議所）が贈られてきた。その八ページに、〇七年の「十字路」

の拙文が引用されている。

五十年前といえば、それは岸信介の日米安保時代で、近藤鉄雄や柿沢弘治たちも研究会仲間であった。わずかな行き違いからではあるが、私は、この古くからの同志を裏切ったことになり、非常に心が痛む。

しかし、立場は違えど、後述するように私が緑を愛し日本の農業を思う心は、羽多氏に劣らないつもりであることに救いを求めたい。同書の書名に「新・」とあるが、私はその旧版の紹介を五年前に『財界』書評欄で取り上げた。そこには、「新書版ながら奥行きの深い書である。一人でも多くの経済人や有識者に読まれることを期待したい」とあるが、その評価は、この新版においても全く変わらない。

農業の貿易自由化は不可避と考える三つの大きな理由

この書籍の冒頭で、私は終戦直後にいかに飢餓に瀕したか、その体験から食料自給率には強いこだわりがあると書いた。

暑い夏だった。疎開先の長野でのこと、まだ国民学校四年生だった私は弟と何匹ものセミやトンボをつかまえて帰り、母に料理してもらった。しかし、これればかりは煮ても焼いても食えなかった。

その私が農業大国とのＦＴＡ反対派から転向した一つのきっかけは、所属する財団法人日本国際フォーラムの政策委員会で、〇九年一月に、本間正義東京大学教授を主査にして「グローバル化の中での日本農業の総合戦略」という第三十一政策提言をまとめたことにある。ちなみに、伊藤憲一政策委員長のもとで私が副政策委員長を務めている。

この提言は、その基本的構想で、「日本農業を成長産業として捉え、世界市場に進出せよ」、「食糧安定供給のため国内に二十一世紀型食料基地を構築せよ」とうたっている。

私が農業を守ることに強いこだわりがあるのは、二つ理由がある。一つは、前述の自給率の確保であり、もう一つは、緑の国土、その自然環境を守ることである。問題は、今やこれらを貿易障壁で守るのか、それとも自らの国際競争力で守るのかということだ。時代は、明らかに後者の選択に積極的に挑戦するときに来ていると考える。

理由は次のとおりである。

第一に、前述のとおり、正攻法ともいうべきWTOの多角的貿易交渉はドーハ・ラウンドで頓挫してしまい、その間にFTAが世界の本流になってしまった。この流れに乗らなければ、日本だけが置いていかれる事態に遭遇している。

第二に、GPS衛星「みちびき」の話はすでにふれた。農業の工業化・情報化技術は、その速度をますます速めるであろう。この世界も競争原理の導入が不可避と考える。

第三に、そもそも日本の農業が世界の中で特に不利な条件に置かれているとは考えられない。例えば、米国など数少ないいわゆる農業大国を別にすれば、日本の一戸当たり経営農地面積が特に小さいというのは、それは自然条件ではなく、政府や農家など関係者による集積の努力が欠けているからではないか。政策の問題であると考える。

日本の工業が国際社会で格段に強くなったのは、世界市場で耐え、鍛えられてきたからである。もちろん、自動車産業やコンピューター産業に今日の姿があるのは、ある段階まで政府の保護政策があったからだ。しかし、その意味では農業も今日まで保護されてきたといえる。

もう農業も日本経済全体のために自立する時期ではないだろうか。むしろ政策も、前述の提言にあるように、農業を成長産業と捉え、その世界市場進出を支援する方向で考えていくべきであると思う。

私は、日本の資本力と技術力、働く人の勤勉さ、そして日本列島の気象条件と東アジアの未来を考えれば、農業も自立は可能であると信じたい。

農業は地域社会を再興し緑豊かな国土を実現する

話を先へ進める前に、若干の注釈が必要かと思われる。

先にTPPはFTAを主軸にした経済連携協定の一種であると述べた。両者の違いがどこにあるのか。

FTA自体もともとGATTの例外規定で、複数国間でFTAを締結するばあい、世界的に平等な交易条件を実現するために、その締結国間では実質的に貿易障壁を全廃しなければならないことになっている。しかし、現実には、この実質的ということばの解釈で、多少の例外が認められると考えられている。

その例外扱いは、当初は二、三%程度とされていたが、最近では、日本を含め一〇%を超す例外扱いが増えているようだ。本来このこと自体が問題なのだが、FTAはこうして世界の本流となってしまった。

ところが、TPPは、原加盟国の一部が、これを本来の姿に戻して例外を厳しく制限しようと主張しているようだ。そういう状況のもとで、現在、米国を含め九カ国への拡大交渉が進められているのである。

これに対し、国内のTPP参加論者は、私もその一人と自認しているが、内容は外交交渉事であり、まずその交渉の場に参加することが重要であると主張している。私は、この交渉参加を前提に、万一不調に終わるばあいの次の一手も考えている。それは、日米単独FTAによる日米同盟の強化である。

注釈のもう一つは、自給率についてだ。私の考えている自給率とは、草の根や昆虫まで食するとは言わないが、一億三千万の国民がどうしてぎりぎり生きていくかというところに線を引く。これが問題となる原因は二つ、世界動乱と異常気象だ。

世界動乱のばあいは食料のみならず石油まで止まる。すなわち、ほとんどすべての経済活動が停止することになる。ありえない話ではないが、ここでは想定外としよう。

そこで、問題は異常気象である。これが長年月続くことは、これも想定外とするが、三、四年続くばあいをどう考えるか。このようなときは、自給率が現実問題となる。

私たちの子供のころは、脱脂後の大豆かすやサツマイモのつるまで食べた。そういう意味では、現状の食物の生産過程や消費過程には、いわゆるカロリーベースの自給率外にまだ相当の余裕があるように思う。

終戦時のような限界的食生活を考えてまでとは言わないが、農業問題を議論する時に、あまり自給率が一人歩きしないように注意したいものである。

誤解のないよう繰り返しになるが、私は、自給率を向上するためにも緑の自然環境を保護するためにも、農業を元気づけることは非常に重要であると考えている。しかし、そのために農業大国とのFTAに反対する時代ではなくなったと言っているのである。世界の歴史は、すでに一歩前へ進んだのだ。

振り返ってみれば、半世紀前の高度成長時代から、工業が同じ課題に取り組んできた。国際化の進むなかで、工業大国米国を目標に徹底した技術革新と合理化を進めてきた。それは、激烈な国際競争であった。

同じ改革を、これから農業ができないはずはないだろう。なぜならば、農業こそ、いまや工業化と情報化の重層的革新時代を迎えているからである。私は、この農業こそが地域社会を再興し、緑豊かな国土を実現してくれるものと信じている。

地域社会を蘇生する中核、それは農業と観光業だ

二、三章前で、地域社会活性化の問題を州制導入による地域主権確立の観点から論じた。そこで、ここではその州を念頭に置きながら、産業の姿を考えてみたい。その州単位の地域社会を支える産業は、農業と観光業であると考える。

なぜ農業と観光業が地域社会の中核産業なのか。それは、その二つが土着の産業だからである。すなわち、その産業を支えている主要な経営資源が地域社会固有のものなのだ。

農業においては、地形や土質を含む土地そのものをはじめ水や気象条件がその地域固有の存在である。観光業においても、自然や歴史、史跡や景観が観光資源そのもの

なのである。

日本列島においては、どちらかといえば両産業共に土地拡散的ではなく土地集約的で、したがって地元の地域社会における雇用効果が大きい。さらに、関連産業も少なくない。しかも、これも繰り返し述べてきているが、その市場は日本列島内にとどまらない。三十億人の東アジアを中心に、世界に向けて開かれているのである。

それでは、なぜこれまでに農業も観光業ももっと発展しなかったのか。それは、大胆に割り切っていえば、農業においては規制や因習に縛られていたからであり、観光業においては、大きく発展するためのインセンティブ、動機を欠いていたからである。

これからは、そうでない時代を迎えようとしているのだ。

農業は、国際的に貿易自由化を進めながら、一方で国内的に規制をかけたままとはいかないであろう。これまで国民の主産業として保護されてきただけに段取りや手順は必要だが、早い機会に産業としての自由化を進めなければならない。そのためには、当然、当事者の意識改革が必要である。

工業も、運輸業も、通信業も、金融業も、これまでに多くの産業がそのような改革をやってきた。当事者にとっては、決して楽な改革ではなかった。しかし、皆それに耐えてきた。

もう一度、言わせていただこう。もう国家規模の公共投資は終末を迎えている。中央から地方への交付金の余裕もない。そうしたなかで、州は独立して生きる道を開いていかなければならない。その道具として、地域主権が与えられるのである。

改めて、地域社会の中核産業を見直してみよう。なぜ農業の自由化なのか、なぜ観光業の一大飛躍なのか、その必要性がご理解いただけると思う。

もとより、これからも研究機関のみならず、多くの産業資本の進出は期待できるであろう。だが、そのためには、まず農業や観光業を中核として、しっかりした地域社会としての基礎が築かれなければならない。そこには、州と州の間の競争原理も働くようになるのだ。

私が期待しているのは、そのような競争の中から、緑と景観に恵まれた国土が誕生することである。

次章は、未来を構築するクリーン・エネルギーを論じたい。

第十九章

ＥＶと太陽光発電は未来のシンボル

クリーン・エネルギーがなぜ未来を構築するか

二十一世紀はエネルギー革新の時代である。これからの日本経済を考えるときに、この認識が非常に重要だ。それは、新しいフロンティアなのである。

この章では、今後、地震国・日本での原子力発電所新増設は不可能であるとの前提で話を進める。だが、ここで述べようとしていることは人類共通のテーマだ。人類は、隕石の落下を防ぐことができないからである。

十八世紀後半、人類はエネルギーを動力源として使うことを知った。産業革命である。これを契機に、人類の文明は大きく進歩する。

そのエネルギーは、化石燃料、なかでも石油を中心とするもので、これらは二十世紀後半に、安く大量に産出されるようになった。そこに築かれたのが、人類、特にいわゆる先進国による一大工業社会である。

日本は、その先進国に属する。資源小国日本が、なぜ先進国、工業に強い国になることができたのか。それは、第二次大戦後、米国を中心に形成されたＧＡＴＴ（関税貿易一般協定）体制により、海洋国家日本が、世界中の市場から資源を調達することが可能になったからだ。

その石油を中心としたエネルギー事情が、いま大きく変わろうとしている。人類は、化石燃料を超えた次の時代へ進もうとしているのである。

なぜか。その理由は三つある。

第一に、これまでエネルギー消費の大きい国は数少ない先進国であった。これからは、多数の発展途上国や後進国が先進国化し、エネルギーを大量に消費するようになる。当然、地球上の化石燃料供給力には限度がある。やがて、石油産出量もピークを迎えるだろうとされる。

第二に、多くの人びとが地球環境の問題に気づくようになった。化石燃料の排出する二酸化炭素から地球を守ることが非常に重要であると考えるようになったのだ。このことに人類の進歩を強く感じる。

第三に、このようなエネルギー需要の急増と地球環境への危機意識を背景に、クリーンなエネルギーへ向けた大きな転換が進められようとしており、これを実現する新しい技術が台頭しつつある。それは人類の未来を創造する革新的な技術であると評価できる。これが、大げさな表現とは思わない。これまでの先進国人口は十億人に満たない。人類としては、その数倍（現在の世界総人口は約七十億人）の人びとが先進国と同じような文明を築こうとしている。それは彼らの権利だ。私たちは、これを達成しつつ同時に未来へ向けてクリーンな地球環境を実現しなければならないのである。

クリーン・エネルギーについては、そのカテゴリーの分け方でいろいろな表現がある。要するに二酸化炭素の発生を抑えたエネルギーだが、ここでは水力発電、太陽光発電などの自然エネルギーや燃料電池を中心に話を進める。このように、二十一世紀のエネルギー革新には産業技術が強く関係してくる。そこに、技術力に強い日本のポスト工業社会時代における大きなフロンティアを見る思いだ。

二〇二〇年代にはEV主流の時代が訪れる

専門家は電気自動車をEV、ハイブリッド車をHVと呼ぶ。そこで、ここではEV、HVで話を進める。

クリーン・エネルギー化が進むなかで、私たちがそれを強く感じるのは、街を走るEVや屋根の上の太陽光発電を見かけるときであろう。

ここでは、まずEVについて述べる。二〇年代には、EV主流の時代が訪れると考える。マス社会化した現代は、新技術の普及が非常に速いのだ。

NTTドコモがiモードの携帯電話を売り出したのが一九九九年、いまから約十二年前である。現在はどうか。高機能携帯電話、スマートフォンが世界で爆発的に売れている。

話はiモード誕生の少し前にさかのぼる。ある日、私はドコモの大星公二社長（当時）と夕食を共にしていた。親会社NTTから転出された大星さんが、ぽつりと、こう言われた。

「固定電話のように大きな設備を抱える会社はいいが、移動電話（と当時は呼んでいた）は、経営を間違えると会社は簡単につぶれてしまう」。

私の記憶によれば、大星さんは日夜考えて、音声だけではなく文字情報（データーやメッセージ）を送ることを思いつかれた。これは、社内で検討中にさらに進化し電話機をインターネットにつなぐことになる。こうして、現在ケータイとも呼ばれる文明の利器の原型が誕生した。

この着想とこれを実現した技術力には、パソコンの携帯化を考え続けていた、あのビル・ゲイツが仰天したという。当時、韓国と比較してもインターネットの利用が非常に遅れていた日本で、これが一気に普及する大きなきっかけになった。

ＥＶの話の中で突然ケータイを持ち出したのは、今日、世界で技術に支えられた新商品が普及するのがいかに速いかを説明するためである。

そもそもＥＶはそんなに新しい存在ではない。二十何年か前に家族旅行でスイス・ツェルマットを訪れた。この時に乗ったバスも、たしか環境にやさしい電気バスだったと記憶する。孫が子どものころに遊園地で乗った自動車も、ＥＶであったはずだ。

しかし、乗用車専用のＥＶが登場したのは最近のことだ。特にトヨタをはじめ世界の大手メーカーが、EVや電気とガソリンを併用したHV、特に前者を売り出したのはごく近年のことである。

ガソリン自動車は、構造上エンジン回りが複雑で、万単位の数の部品が必要である。そのために、完成車メーカーを頂点に、そこに下請けなどによるピラミッド型の大きな産業組織が形成されている。

これに対し、EVは構造が極めて簡単で、部品の数も一桁少ないという。大げさにいえば、モーターとバッテリー（蓄電池）さえあれば自動車が製造でき、そのために産業組織の姿も変わるのである。関係者には異論があるかもしれないが、ここではHVはガソリン車とEVの中間的存在と位置づけておく。

EVの機能に大きな欠点はないようだ。その蓄電池機能が家庭でも利用できるところから、今後、需要は増大するだろう。

普及の速さは、ガソリン・スタンドに代わる充電設備の整備などにもよるが、何よりもバッテリーそのものの性能向上と価格低下にかかっている。性能が飛躍的に向上し軽量化が進めば、完成車の価格が安くなる。同時に、需要家に不満の大きい一充電当たりの走行距離も格段に伸びることになる。

ということで、現在、完成車メーカーの新車競争もさることながら、世界で、日夜を問わず、素材から始まる一連のバッテリー関連産業の熾烈な競争がおこなわれている。長年の勘で、そのことが私には読み取れるのである。

スマート・グリッドが電気事業のカギを握る

エネルギーのクリーン化、すなわち低炭素化は、生産活動、消費活動両面から経済活動全体を大きく変えるものである。これは、全産業、全生活者に関係するところだが、なかでもその中心に立つのが電機産業であり、電気事業者である。

なぜならば、それは省エネ化やエネルギー源のクリーン化は当然のこととして、産業構造としてエネルギー全体の電気化を進めることであるからだ。わが国では、この大事業が東京電力など九電力と沖縄電力を核として進められることになる。

実は、その過程で、電気事業そのものの大転換がおこなわれる。なぜならば、これまで水力であれ火力であれ原子力であれ、電力会社の大規模発電所で発電された電気が、工場や事業所、家庭などの何千万という需要家に配電されていた。これからは、山の上の風力や屋根の上の太陽光で小規模に発電された電気もそこに加わって、それぞれの地域社会で電力会社のネットワークを通じて消費されるようになるからである。

電気は、極めて特殊な存在で、原則として発電と消費が同時におこなわれる。今回のように大事故が発生すると計画停電が必要になるのだ。もっとも、ライブの番組が録画できるように電気は蓄電できる。自動車産業でもふれたが、これからはこの蓄電池機能が飛躍的に進歩することが期待されている。しかし、それにしても電力会社が一日分の電気をそっくり蓄電するということにはならないだろう。

電力会社の大きな責任は、需要家に、その必要に応じ電気を届けることにある。日本の電力会社は、今回地震までは、停電率の低さや電流と電圧の安定で、その質の高さを誇ってきた。

しかし、これまでは、需要の波に合わせて発電量を調整しながらだが、大規模発電所から電気を需要家に一方的に配電すればよかった。ところが、これからは、地域の中に無数の小さな発電所があり、それも天気次第で勝手に動く発電量も合わせ、多数の需要家に上手に届けなければならない。容易な仕事ではないのである。

これを支援するのが、スマート・グリッドという新しい送電網の技術である。電気事業の形態が変わるのは日本だけではない。世界の先進国や新興国での話なのだ。現在、日本では主に電機メーカーがこの技術開発に取り組んでいるようだ。しかし、私は、電力会社が早くこの技術の重要性を自覚し、経済社会の先頭に立って旗振りをしてほしいと願っている。

さて、そこで問題はこの電気を発電するエネルギー源のクリーン化である。これまでの日本の発電は、その多くを石油や天然ガスなど化石燃料に依存してきた。これをできるだけクリーン・エネルギーに転換しなければならない。その一つが、すでに述べた屋根の上の太陽電池による太陽光発電なのだ。

発電源のクリーン化はいろいろ多様であるが、ここでは、これから生活者にも身近になる太陽電池を取り上げる。

その代表例が多結晶シリコン型太陽電池である。ごく薄いシリコン・ウエハー（半導体）の表と裏に電極を付けると、太陽電池セルという電池の単位になる。このセルを何枚か組み合わせ、カバーガラスとバックシートで上下から挟み込んで密封すると、パネル状のモジュールになる。これを屋根の上に並べれば、これが住宅の太陽光発電システムになるのだ。

こうして発電される太陽光電気は、パワー・コンディショナーにより家庭内で通常使われる交流に変換して分電盤に送られ、各室の電灯や家電製品で消費される。興味深いのは、その一部が自家用車のバッテリーに蓄電されることだ。この電気は、もちろん運転用にも使用されるのだが、余剰が生じるばあいには家庭内でも消費することができることである。

そして、さらに余剰が生じれば、それはそのまま屋外の電線を通じて、電力会社に自動的に売却(売電)されるシステムになっている。したがって、これを受ける電力会社では、スマート・グリッドの技術が非常に重要になるのである。

ここに述べたことは夢物語ではない。近未来、二〇年代には、街で見かけるごくふつうの光景になるだろう。そのために、世界中のバッテリー関連産業が熾烈な競争をしていることは、先に述べたとおりだ。参考までに、現在、日本の太陽電池の市場規模は、ドイツに次ぎ米国と並ぶ二位の水準にあるという。

地球貢献国家日本は積極的に行動したい

産業革命後に大気中の二酸化炭素が目立って増えていることは、科学的事実として認められている。したがって、これを地球環境の問題と認識することも、程度の差は別として、先進国を中心に多くの国によって同意されている。

そこで、この問題は生態系の危機であり、人類として取り組まなければならない問題であると考えられるようになった。

しかし、そのためにエネルギーのクリーン化、低炭素化に取り組むことは、一国の日常経済に及ぼす影響が非常に大きい。したがって、各国にとり、これは経済問題であると同時に、重要な政治問題であり、外交問題でもあるのだ。

歴史の大きな流れとしての問題意識は国際社会でおおむね共有されているものの、現実の対策については、各国の歩調がそろっているとは言えない。足元の日常経済に関する諸問題が大きいからであり、先進国と新興国の間では、現在のエネルギー消費量に文明度による大きな開きもあるからである。

特に、足元ではリーマン・ショックに端を発した世界不況もあり、この問題に関する一三年以降のいわゆるポスト京都議定書への国際的協議も遅れている。

しかし、このことが人類の大きな課題であるとする歴史の流れは、今後も変わらないだろう。近い将来に、国際社会で再び真剣に討議されるときが来ると考える。少なくともラクイラ・サミットでは、G8の間で五〇年までに二酸化炭素を八〇%削減することが合意されている。

私は、日本の進む方向として地球貢献国家を謳っている。その立場から、このクリーン・エネルギー化の道を強く主張したい。このことは、産業技術力に強い日本にとり格好のテーマであると考える。現政権の性急な対応には強い抵抗感がぬぐえないが、産業界や生活者の声にも耳を傾け、しっかり腰を据えて取り組みたいものである。

次章は、もう一つの革新技術を追うものとして、テーマにロボットを取り上げたい。

第二十章
ロボット社会の時代がやって来る

日本人とロボットの相性

今回は、ストーリーの主役にロボットを取り上げたい。究極のモノづくり産業が行き着く先に、ロボット社会が開けると考えるからである。

私の子供のころに人造人間ということばがあったように記憶するが、日本に登場したのが、「ロボット」が先なのか「人造人間」が先なのかはよくわからない。そもそもロボットは、一九二一年、当時のチェコスロバキアの作家カレル・チャペックが、戯曲『R.U.R.』の中で用いた造語という。

ロボットの定義は難しい。インターネット上の事典サイトWikipediaは、これを人に近い機能を持つ機械と、ある程度自律的に連続して自動作業をおこなう機械とに大別している。適切な解説だと思う。前者の例が鉄腕アトムであり、後者の例が産業用ロボットやロボットカーである。

ちなみに、手塚治虫によって『鉄腕アトム』が描かれたのが、終戦間もない一九五二（昭和二十七）年から高度成長期にかけてであった。また、産業用ロボットが特に注目されるようになったのが、二次にわたるオイルショック後に登場したメカトロニクスの技術（機械とエレクトロニクスの合成技術）の時代に入ってからである。

産業用ロボットは、たしかに一つの自動機械にすぎないが、しかし、日本人は、これをすら人間に見立てた。

八〇年代に入って、自動車工場の製造ラインに産業用の組み立てロボットが立ち並ぶと、日本人は、その一つ一つに女の子のニックネームをつけたものだ。たしかに、それは若い女性労働者が一生懸命働いているようにも見える。

前述のＷｉｋｉｐｅｄｉａに次のような表現がある。「ロボットは、人間が機械装置を発明した段階で、必然的にその発想が生まれた。工学的に精巧な装置を組み合わせていけば、最終的には人間に限りなく近い物が出来上がるだろうという予測から、古今東西・様々な架空のロボットが創造（想像）されている」。私も、かねがねそう考えている。表題にロボット社会の時代と表現しているのは、ロボットたち自らが社会を構成するのと同時に、人間とロボットが共生する社会も思い描いているからである。

もっとも、このサイトには、次のような重要なことも書かれている。「欧米ではロボットは等身大・人型の物も含め人間とは異質な存在や人間と対峙するものとして描写されることが多い。一方で、日本ではロボットは人間のパートナーとして描写されることが多い」と。これは非常に興味深いことだが、欧米人に多いキリスト教やイスラム教など一神教信仰と、日本人に多い万物に精霊の宿るアニミズム的宗教観との相異からくるものであろうか。

そうであるとすると、私がここで述べようとしているロボット社会は欧米には訪れない、少なくとも日本だけがガラパゴス化するように、両者は異質なものになるのであろうか。

いずれにせよ、日本人とロボットは相性がいいのだ。

究極のモノづくり産業はロボット社会に行き着く

ロボットが、その機能で限りなく人間に近づくものであるというのは、そのとおりであると思う。しかし、最後に残るのは心の問題である。

人間が機械で人間の機能を追求すれば、それは自ら人間の姿形に近づくであろう。そのうえ、現代の科学の力は、センサーによりこれに極めて高度な知覚の力を与えることができる。さらに、計算力と記憶力において、ふつうの人間の力をはるかに上回ることができる。

私たちは、通常このいくつかの機能を組み合わせて器具や機械として使っている。これを限りなく人間に近づけることにより、そこにロボットを生み出すことができるのだ。

その意味で、モノづくり産業の行き着く製品の一つはロボットであると考える。そのロボットは、後述するように、やがて簡単な社会であれば、その社会をすらつくり出すことができるようになるだろう。ここまでは、産業技術力をもってすれば、そんなに難しい話ではない。

ロボットの究極の姿は、彼らが彼ら自身で、自律的に次世代のロボットをつくる、すなわち生殖機能を持つことである。時間はかかるが、現代の科学技術力で、ここまでは進むであろうと考える。

問題は、ロボットに心の機能を与えることができないことである。人間には、相手が自分の心に反応していると理解する寛大な心がある。したがって、ペットが相手でも、人間はその心の反応を受け止める力を持っている。条件が整えば、それがマスコットの人形であってもいいのだ。したがって、現在でも、簡単な会話や表情で人間と心を通わすロボットの試作は試みられているようだ。

しかし、私がここでいう人間そのものの心の機能は、まだ現代科学では解明されていないのではないか。人間のどの臓器がその機能をつかさどっているのか。胸の中には心臓しかない。頭の中には、考えたり記憶をする機能はあるように思うが、私のいう心の機能はないようだ。心の臓器がどこにあるのか、私は不明にして知らない。

精神医学や心理学では、この心の問題がある程度解明できるのであろう。だが、私が知りたいのは心そのものについてである。それは、現代科学で解明されていない、私もう一つの別世界にあるのではないか。もしそうであれば、その機能をロボットに持たせるのは無理というものであろう。人間とロボットとの境界が、ここにあると思う。

一つ余談になるが、今日、医学上で万能細胞の研究が長足の進歩を遂げている。ロボットに隣接する話題としてメディアの情報を材料に一言ふれておく。

多細胞生物は、受精卵が増殖する過程でいろいろな機能を有する細胞に分化する。この細胞を、初期化といって特殊な処理をして未分化の状態に戻し、どのような細胞にもなれるようにした細胞を幹細胞という。

万能細胞とも呼ばれるこの幹細胞は、さまざまな組織に変化する能力(多分化能)を持っているとともに、この多分化能を持ったまま増えることができる。自己複製能力があるのだ。

このような医学上の技術進歩により、現在、損傷を受けた臓器などの再生医療が飛躍的に進歩している。その究極にあるのが、理論的には、一つの幹細胞から人間をつくり出すことが可能なことだ。モノづくり産業の行き着くところに完成されたロボットの誕生を想定したが、医学の進歩では、一つの幹細胞から人間を創造するところまで来ている。

ただし両者の違いは、後者の人間には心があることである。それだけに、この創造には倫理上、宗教上の高いハードルがあるといえよう。人類は、その壁に直面しようとしている。

ロボットとICTが築くポスト工業社会の未来

話をロボット社会に戻そう。

人間とロボットが共生する社会は、思いのほか早い時期に訪れるのではないか。すなわち、私が強調しているポスト工業社会は、人間とロボットが共生する社会であると信じている。

このことは非常に重要なことである。なぜならば、近未来に、ロボットが私たちの経済活動、すなわち生産活動や消費活動において重要な地位を占めるようになるからである。

心は別にして、その他の機能で人間に限りなく近いロボットが、なぜそんなに早い機会に誕生するのか。それは、ロボットの体外からも、発達したICT（情報通信技術）のネットワークが彼らの活動を支援するからである。

もっとも、現在、原型の人間そのものがすでにICTに支援されて活動していると言ってもいいのかもしれない。若者は、電車に乗るや否やケータイを開いている。中年の小父さんはもっと積極的だ。道路を歩きながら大声で商談をしているようである。いい年の小母さんたちが、立ち話をしながらケータイのストラップを見せ合っている。

近年は、端末もその機能の厚みを増し、いろいろと多様化してきた。ふだんは気づかないが、空中には無数の電波が行き交っている。かつて、東京大学の坂村健教授がいみじくも予告したユビキタス社会（通信機器から家電器具まであらゆるものがネットワークで結ばれる社会）が、いま、ある一つの姿で表れているのである。

ロボット社会の登場は、このユビキタス社会の実現と密接に関係がある。なぜならば、人間は呼吸と血液の循環を基盤にして活動するが、ロボットは電磁波と電流を基礎にして活躍するからだ。彼らの行動はすべて電磁波と電流により制御される。計算力や記憶力がヒトより優れていることは前述したが、センサーを道具とする知覚もほとんどが電磁波に依存する。ロボットはユビキタス社会機能の大半が内蔵されているのである。

前述したとおりWikipediaはロボットを人間に近い機能を持つ機械と、連続した自動作業をおこなう機械とに大別しているが、巧みな分析だ。

前者としては、二足歩行するロボットや楽器を演奏するロボットなどが試作されている段階だ。後者の方は、自動作業という機能に重点が置かれ、実用の世界でかなり高度な機能を果たしているものが多い。産業用ロボットがその典型的な例であるが、災害救済用ロボットや軍事用ロボットなどが相当程度に実用化されている。あの福島原発の建物の中でも活躍している。

もちろん、この前者と後者の機能は多くの部分で重なっているが、私たちの日常生活に入り込んできてそれがロボットと認識されるのは、前者の方であろう。マスコット系のいやしタイプやヒトに似たお手伝いタイプのロボットが身の回りで活動を始めると、私たちは、自分たちがロボットと共生する社会に生きていることを実感するようになる。程度を別にすれば、それはそんな遠い日ではない。

二十世紀は自動車産業の世紀であった。二十一世紀は、私はロボット産業の世紀であると考える。なぜならば、多くの先進国や新興国も、ICTネットのなかで日本に遅れて少子高齢化社会の時代を迎えるからだ。ロボットの受け入れ方で、日本人と欧米人との間に微妙な差があることは前述した。しかし、欧米人も、その機械的機能は必要とするのである。

わが国の超高齢化社会はロボットとICTが支える

人間には、命の尽きる自然寿命の前に、一人で自立して生きていけなくなるときが来る。これを私は健康寿命と呼び、健康寿命と自然寿命の間を人生の晩秋期と名づけている。

健康寿命の定義にもよるが、平均的な晩秋期は、ごく大まかに言って数年である。その長さは月単位ではなく年単位なのだ。長寿化のいま、この晩秋期をどう過ごすか、人生を考えるうえで非常に大切な問題である。

老人施設を訪れると、大勢の高齢者が、車椅子に乗り大広間ですることもなく時間を送っている姿を見かける。これが一つの現実の姿である。

〇八年に、拙著『老老介護』（ＰＨＰ研究所）を執筆するさいに、あの福祉施設が充実している北欧でも、現代は大きな時代の流れが施設介護から自宅で自立する時代へ移行していることを知った。

この晩秋期の高齢者の介護は政府としても非常に重要な課題で、ここで私は施設介護から自宅介護へと主張するつもりはない。むしろ、これから超高齢化時代を迎えるに当たり、老人施設はいくら作っても需要に追いつかないと考えている。しかし、一方でがんばって自宅で自立して介護を受けたいという人には、思い切って積極的に支援する体制をつくるべきだと思う。

数章前に、過去半世紀、日本で失われた生活共同体の機能をこれから再建するのは地域社会であるという趣旨のことを述べた。その一つが、ここでいう高齢者の介護である。

この問題をここで持ち出したのは、広い意味での高齢者の介護がＩＣＴやロボットと密接な関係があるからだ。

なかでも、晩秋期にある高齢者が自宅で自立して生活しようとすると、これからの時代、地域全体が高齢化し人口の減少する社会では、どうしてもＩＣＴやロボットの力を借りなければならない。

被介護者のプライバシーの問題は別の機会にゆずりここでは総論の立場で述べるが、地域社会で大勢の高齢者を同時に介護するためには、そのためのセンター機能が必要である。センターで、高齢者の状態を常時掌握しておかなければならない。介護者の側から助けを求めることもあるだろう。

老人施設では、このような管理が常時おこなわれているが、地域社会のような広域に被介護者が点在するときには、この管理はセンサーや映像、時にはロボットを活用し、情報通信のネットワークでおこなわれる。

自宅では、簡単なことはロボットが手伝ってくれるだろう。彼は家族なのだ。食事の用意や買物はヘルパーの助けを借りることになるが、これも地域社会でシステム化されてくる。そして、緊急時には、センターに待機している介護士や、ネットワークに組み込まれた医師、看護師が駆けつけてくれる。

要するに、ICTやロボットの力を借り、その地域社会全体があたかも一つの施設のような機能を果たしながら、生活共同体になってくれるのだ。

次章は、直近の世界潮流の変化と、日本の金融業のこれからの進路を論じたい。

第二十一章
変わる世界の潮流と金融業の進む道

中東・北アフリカ騒乱で潮の流れはどう変わったか

「日本丸」の航程も終盤に近づいた。ここで、もう一度世界の情勢に目を向けておきたい。

二〇一一年の初頭から中東・北アフリカが荒れている。ここでは、これを中東騒乱と呼んでおくが、この騒乱は、これから長年月をかけて世界の体制を大きく変えるものである。

すなわち、経済的には、この地域が世界における石油の一大産地であることはいうまでもないが、同時に、この中東騒乱はこれからの世界の金融にも大きな影響を及ぼ

す と考える。その意味で、この騒乱は国際政治体制とともに、実体経済、金融経済両面で世界経済の潮の流れを変えるものである。

この地域の多くの国は古くは列強の支配下にあった。第二次大戦後に各国様ざまな経緯を経て王制などの君主制や共和制の独立国になった。しかし、大多数の国が実質的には独裁制で、いわゆる欧米型の民主主義国家とはほど遠い姿である。

民族的には、イラン(ペルシア)のほかは各国でおおむねアラブが多数派である。周知のとおり、この地域はイスラムの宗教色が極めて強い。さらに宗派的には、人口大国エジプトでスンニ派、同じくイランでシーア派が圧倒的で、それぞれ政権を掌握している。その他の国は両派にその他の宗派が混在しているが、イラクのように、少数派であるスンニ派が政権を握っている国も少なくない。一言でいって複雑である。

しかも、この地域は世界の中で石油など化石燃料の一大産地なのだ。その巨額の利権を、今回までのところ、おおむね独裁的支配者である王家や大統領が握ってきたのである。ここに、民主主義を中心とする私たちの価値観とはほど遠い部族、宗派、利権の相克を思い描くことは、想像に難くないところだ。

さらに、この地域で見落とすことができないのが、ユダヤの国イスラエルの存在である。

イスラエルは、大戦直後の一九四八年、パレスチナを二分するとする国連決議を背景に、この地に建国された。しかし、その直後にアラブ諸国が攻め込み、以後四次にわたる中東戦争が勃発。七八年に米国の調停でエジプトとキャンプ・デービット合意が成立したが、今日に至るもパレスチナを中心に不安定な状態が続いている。

やや大胆に表現すると、今日までの中東・北アフリカの仮の安定は、イスラエルに近い米国と一部のアラブの指導者とが気脈を通じることによって保たれてきているものなのだ。

その意味で、今回の中東騒乱は各国ごとの政権派対反政権派の争いにはとどまらないものである。米国が政権派を支持すれば、米国は民主主義という自己の価値観を否定することになり、反政権派を支持すれば、自らが築いてきているこの地域の安定基盤を崩すことになる。

さらに前述のような域内の部族間や宗派間の対立を考えると、反政権派への政権移譲も簡単には収まらないだろう。もともとこの地域には、反米色の強いイランも存在する。そのうえにイスラム対ユダヤの問題を抱えているのだ。

覇権国家米国の後退

ここで、米国の現状と今後を再検証しておきたい。

第二次大戦後、冷戦時代の米国は西側陣営の圧倒的なリーダーであった。そして、八九年の冷戦終結後、米国は当然のこととして世界の覇権国になった。一極時代の到来である。このときの世界とは、旧西側化の進む旧東側陣営を含む、主に先進国社会である。

しかし、この米国一極支配の時代はごく短かった。二〇〇一年、いわゆる9・11テロの発生により、世界の流れは大きく変わる。すでにS・ハンチントンの指摘していた文明の衝突の時代を迎えたのだ。

時の米国の大統領ブッシュは、この国際テロを戦争と認識した。テロ事件直後に開始したアフガニスタンへの軍事攻撃については、今日、未だに終息の見通しが立っていない。〇三年のイラク戦争もフセイン政権の制圧こそ簡単に終結したが、完全な終戦処理にはなお手間取っている状態だ。これらは、米国にとり財政的にも国民心理的にも大きな負担となっている。

そこへ勃発したのが今回の中東騒乱である。冷戦時代の西側の米国においても、冷戦後の一極覇権時代の米国においても、リーダーとしての世界観があった。その時代のイスラム勢力についてはイランのような反米国もあったが、それなりに米国の世界観に収まっていた。

しかし、今回の中東騒乱は、その世界観という構図を根幹から揺るがすものになりかねないのだ。民主主義という価値観を捨て、目先の政治的利害関係で結託していたイスラムのリーダーたちとの関係が崩壊するのであるからだ。私は、この騒乱は、今後押しつ押されつ長い間続くものと考える。

この地域が石油の一大産地であり、資源小国日本は消費する石油のほとんどをこの地域に依存していることを想起しておきたい。それだけではない。この地域の石油の巨額な対価の大きな部分が、いわゆるソブリン・ファンドなどを中心に欧州市場を経由して大量に世界の金融市場に放出されている。

欧州各国のこの地域との関係は、米国とは多少異なる。それは、第一に地理的に近接していること、第二に歴史的な関係が長く、一部にはまだ旧宗主国と植民地との関係の残滓《ざんし》が見受けられることなどによる。

第一点については、たとえば、近年、北アフリカから欧州へ大規模な太陽熱発電による電力供給（送電）計画が進められつつある。第二点についても、欧州は、地域との関係につき各国ごとに歴史を反映してそのニュアンスを異にしている。

中東騒乱の歴史的意味の重大さを述べるためにやや長々と書いてきたが、強調したいのは、国際社会における米国の地位の後退である。

冷戦時代やその後の一極覇権時代に比較すれば、今日、経済力も米国は国際社会で相対的にかなり低下している。これは主に新興国の台頭によるもので、多くの先進各国が同じ立場に立っている。いわゆるG8がG20へ移行したことが、このことを端的に物語っている。

しかし、ここであえてもう一つ強調しておきたいのは、中東騒乱を契機とする米国の国際社会における質的地位の低下だ。

今後は米国の強い関心が太平洋へ向いてくる時代だ

この中東騒乱は、私は月単位ではなく年単位で続くと見ている。なぜならば、指摘したようにこの地域の国際社会模様が根底から変わるからである。

その間に米国の地位は後退することになるが、福島原発事件後もオバマ大統領が米国内での原発開発に前向きであるのは、中東原油依存からの脱却も念頭にあるのではないか。

この中東の多くの国は、掘れば地下から石油が湧いて出るという地域だ。掘るのはかつてのいわゆるメジャーなど主として外国資本の仕事であるが、利権を握っているのは独裁者であったのである。

利権から生まれるカネは、働かなくとも生きていける程度は国民にも分配された。単純労働には、多くの外国人労働者が雇用されている。そして、巨額の余剰資金が、ファンドとして世界で運用されているのだ。

かなり雑な表現になるが、この地域の多くの国民がこの構図の問題点に不満を抱き、爆発したのが今回の騒乱であると見る。

そのなかには、民主主義など近代的思想を基礎にした争いもあるが、それは単なる支配者対被支配者の構図にとどまらず、その背景に部族や宗派の対立が絡んでいるところに、この問題の複雑さがある。私が年単位の騒乱と考えているのは、このような理由によるものである。

過程は国により様ざまであろうが、最終的には現状よりは少しは近代的な形になるであろう。しかし、その姿は私たちが考える欧米的民主主義とはまだ開きがあるのではないだろうか。

石油はやがて産出量のピークを迎えるという問題はあるが、それまでは、多少の波乱を別にしていえば、生産自体は同じように続くであろう。

一方、ここで得られたカネは、これまでより相当大きい額が域内の人びとによって消費や投資に向けられるようになるだろう。しかし、人口には限りがあるので、これらが数十兆ドル単位で拡大するということにはならないのではないか。

そこで、余剰資金は、再び投資資金として世界に放出されることになる。それは、結局大半が欧州市場経由ということになるのではないか。

問題は、このように中東・北アフリカが大きく変わり、米国の存在感が希薄化するなかで、中東和平が曲がりなりにも維持されるかどうかだ。やや先の長い話になるが、私は、イスラエルという国が存続できるかどうかさえ危惧している。

しかし、それにもかかわらずユダヤという民族は残るのである。彼らがその力を有していることは、彼らの数千年の歴史が示しているのだ。政治的な行動はいざ知らずとも、経済的にはその存在感を示すであろうと見ている。

ここで言いたいことは、この中東・北アフリカ地域社会が大きく変化する過程で、米国の存在感が弱くなることである。米国の側からいえば、彼らの世界観は、この地域におけるこれまでの強い存在感を前提として成り立っていた。それが大きく変わろうとしているのだ。

米国としては、今後もイスラエルという国の存在を強く支えようとするであろう。しかし、歴史というものは、そう先まで読めるものではない。少なくとも、現状において中東情勢が大きく変わったことははっきり言えることである。

唐突な話になるが、一二年の米国大統領選挙結果のいかんを問わず、米国の目は太平洋へ向いてくるであろう。TPPへの強い関心も、いまやその予兆といえる。日本はこれをどう受け止めるかである。

世界における米国の存在感が後退するなかで、米ドルの基軸通貨の地位がどうなるかという問題がある。しかし、周知のとおり、米国の現状にもかかわらず世界には米ドルに代わる基軸通貨の有力な候補は見当たらない。多くの新興国が台頭し、世界経済の態様が変わってきた今日、そもそも基軸通貨の概念そのものが変わってきているのではないだろうか。

日本の金融業は独自の道を歩むことができるか

さて、航程の終盤でぜひふれておかなければならないのが、日本の金融業が進むこれからの方向である。リーマン・ショックの収束、東日本大震災やここに述べた中東騒乱など、まだ形の定まらない情勢のなかで金融業のあり方を論じるのは容易ではないが、私の考え方を簡潔に述べさせていただこう。

まず、今後の世界金融は、このような状況のなかで、例えばユーロなどいくつかの波乱が生じることは考えられる。だが、この先十年程度では、前述のような諸条件にもかかわらず全世界的規模の大きな事件は起きないのではないか。端的にいえば、いろいろ議論はあっても米ドルの基軸通貨の地位は変わらないのである。

国際決済銀行のいわゆるＢＩＳ規制が強化されても、数年後には世界の金融界はリーマン・ショック以前に近い姿に戻るのではないだろうか。ユダヤ系の存在なども背景にしながら、英米系の金融機関、例えば米国の投資銀行などは、金融工学を駆使して派手なゼロサム・ゲームを演じるようになるだろう。

第二章で、私は、日本の進路は脱工業社会と金融立国であるとする有力な考え方があることを紹介しながら、これからの日本の大銀行や大手証券会社のビジネス・モデルをどう描くか、改めて読者各位と考えてみたいと述べた。

EPA=時事

金融工学のメッカ、ニューヨークのウォール街

その機会のないまま終盤を迎えてしまったが、ここでは叩き台として私の考え方を一方的に紹介しておきたい。おそらく、私の控えめな考え方には、反対の読者も少なくないと思う。

本書で、私は一貫して広義のモノづくり産業を論じてきた。広義のというのは、単純に製造業のみを指すのではなく、周辺の運輸流通業も含むつもりで、さらに農業のあり方まで論じた。もとより観光業や教育、研究、医療、介護など広くサービス産業にも言及した。

そして、これらを包括するために脱工業社会ではなくポスト工業社会という概念を描き、それは高度な科学技術に依存した農業社会、工業社会、情報社会の重層的な存在であると位置づけた。

わが国の金融については、現在、震災からの復興という大きな役割を担っている。今後の一般論としては、東アジアなど広いフロンティアを視野に置きながら、モノづくりやサービスなど実体経済の裏づけのある分野での金融機能の提供を第一義的に考えるべきである。

金融工学やデリバティブを消極的に評価するつもりはない。だが、一部の投資銀行に見られるような資産のゼロサム・ゲーム的運用は、必要最小限にとどめたい。実務上何をもってゼロサム・ゲームと判定するかは極めて難しいことを承知のうえで、あえて言及しておきたい。

地域金融機関についてはすでに論じたつもりである。地域社会の生活共同体構築に当たり、ぜひ重要なインフラ機能を果たしてほしい。

この航海も終わりを迎えた。次章は、最終章として全体を総括させていただくつもりである。

第二十二章
国の青春とは国民の心の様相をいう

東日本大震災は失われた二十年を呑み込んだか

『財界』の連載「どうする、日本丸」は、二〇一〇年夏、「青春とは人生のある期間をいうのではなく、心の様相をいうのだ」というあのサミュエル・ウルマンの感動的な青春の詩の一節から始まった。

あれから約一年、日本の青春を求めながらあっという間にこの最終章を迎えた。私は、その第一章で、「非常に水準の高い本誌読者各位と議論を進めていく気持ちで書かせていただこうと思う。すなわち、僭越をお許しいただくとして、私がリポーターになったつもりで、日本経済を中心にその周辺の政治や社会の問題点を整理し、討論の糸口として考え方を提起させていただければ光栄である」と述べた。

リポーターの力量不足でじゅうぶん分析しきれなかったところが多々あったことはお許しいただきたい。私は私なりに、一つの結論を得た。それは、「国の青春とは、国民の心の様相をいうのだ」ということである。

短い一年ではあったが、波乱万丈であった。

何よりも心に強く残ったのが、あの小惑星探査機「はやぶさ」の無事帰還である。宇宙という舞台設定も、日本の科学技術が主役であることも、七年余という長旅であることもこの物語に不可欠な背景だが、ＪＡＸＡ名誉教授的川泰宣氏の、「はやぶさ」が巻き起こしたのは「高い目標に挑戦して乗り越えていくことに対する感動なのだ」という指摘が素晴らしい。この冒険に、大人もさることながら多くの子どもたちが心から感激してくれたことがうれしかった。

そして、連載の終盤で突発したのが東日本大震災である。この震災で、あたかも日本全体が壊滅的被害を受けたような幾多の悲劇を生んだ。この悲劇で命を落とされた方々のご冥福を改めてお祈りするとともに、広範囲にわたる何百万人もの被災者の方々に心からお見舞い申しあげたい。

さて、その痛ましい情況のなかで、私たちはいくつもの励まされる光景に接した。それは、マスメディアを通じて報道される国民の姿である。頭では知っているつもりだが、現実の情報や映像にふれ、改めて感動させられる。

七十歳を越した漁師が、大津波で荒れた浜や壊された船を前に、「よーし、また海に出てやるぞ」と言っているではないか。家を失い、避難命令で村を追われる中学生が、学校へ通うために親元を離れ親戚に預けられるという。津波に流された友だちの分もしっかり勉強すると誓っている。仮設診療所で治療に専念する医師や看護師、避難所でかいがいしく働くボランティア、難を逃れた古い機械を集めて生産を再開する中小企業主。どれも感激的シーンだ。

こうした情景だけ見ていると、東日本大震災は、あの閉塞感に包まれていた失われた二十年を呑み込んでしまったかと錯覚を起こす。しかし、いま私たちが目の当たりにしているのは、緊急時の底力なのだ。

これから国民が急がなければならないのは、復興と本格的生産の再開である。早く大きな復興の方向を示すのがリーダーたる政治家の役割ではないか。

国難の今こそ地球新時代の日本の国家構想を考えよう

東日本大震災は、まぎれもなくわが国の大きな国難である。

しかし、日本列島全体が沈没するような事態でなかったことは救いである。そして、まず人命救助や原発の暴走防止など、この大震災への初期対応から直接の被災者やその自治体のみならず、自衛隊や警察庁、海上保安庁をはじめ全国の官民の力が結集された。同盟国米国をはじめ実に多くの国ぐにからも支援を受けている。

こうしたなかで、政府の対応の鈍さは非常に気になるが、被災後三カ月余を経て、国民としての中心課題は、この復興過程でどういう姿の日本を構築するかに取り組むステージに入っている。新しい日本の国家構想が問われるのである。

この最終章では、その内容の総括をすることが使命である。そこで、いつものように、読者各位に叩き台としてもう一度私の国家構想をお示ししておきたい。第十一章にご紹介したものの概要である。

それは、第一に経済に強い国、第二に人間性の豊かな国、第三に自然が生かされた国土の国、第四に積極的平和主義の国、そして第五に地球の未来に貢献する国である。

第一の経済に強い国は次の節で述べる。

第二の人間性の豊かな国については、日本にその基盤がしっかりあることを今回の震災が見せてくれた。あの大混乱のなかでも取り乱さない生活共同体の姿は、世界の多くの人びとが感激し、賞賛してくれている。

問題は、世界の最先端をいく超高齢化が日本の現実であることだ。例えば医療や介護などで現場の当事者は非常にがんばってくれていた。だが、いまやこの国では日頃からの緊急時への備えが非常に重要であることを改めて痛感した。

第三の国土づくりについては、あの激震のなか、例えば超高速で走る東北新幹線などで事故が皆無であったことは心底から驚いた。システム全体が大変な技術力で支えられているのだ。

一方、石油や救援物資のロジスティック（物流体制）については課題が残された。今回は海路や日本海側の陸路が活用されたが、私は、かねてからこの問題について日本列島全体の構想をしっかり描いておくことが不可欠であると考えている。

そして、もう一点、美しい自然も一度天災に化けると、非常に恐ろしい。どこまで対策を打つかは事の本質により異なるが、百年に一度はもとより、千年に一度の天災も、想定の内には入れておくべきだ。

第四の積極的平和主義は、今回の各国から寄せられた多数の激励に接するにつけ、戦後日本の平和主義は間違っていなかったと思う。ただし「積極的」の具体的内容については、一度国民の議論を深めたい。

第五の地球新時代への日本の貢献というのは、まさに原子力から自然エネルギーへということが私の気持ちの中にある。地球新時代とは、化石燃料を動力源として工業を発展させてきた時代を卒業し、人類全体で低炭素社会を実現しようと努力する時代をいうのだ。

もちろん口で言うほど容易なことでないことは、よく承知している。私も半世紀先を見て主張しているのだが、今回の不幸な天災が、このことの一つの契機になればと思っている。

ポスト工業社会の充実が経済に強い日本を実現する

本書の大きな目的は、いかに失われた二十年から抜け出し、経済に強い日本を再構築するかにある。その結論を、私は、一つは実体経済面でのポスト工業社会の実現に求め、もう一つは国民が将来の生活設計を描ける国家財政の実現に求めた。

この二点についてはすでに何度か論じた。ここでは、簡潔にその要点を述べたい。

前者については、農業社会、工業社会、情報社会を重層的に考えている。これを支えるのが、非常に高度な科学技術力である。具体的にどうするか。それは、若者に期待するところが大である。学術、技術で世界に抜きん出た嶺を築いてほしいのだ。世界全体がすでにそういう時代に入っていると理解したい。

後者については、少子高齢化という厳しい現実がある。税や社会保険料の国民負担率を、せめて欧州主要国の水準に届くところまで引き上げるほかはないであろう。このことを前提にしたうえで、社会保障のあり方を国民の間でよく議論したいものである。ここまであまり述べなかったが、個人的には、私は現状の少子化に強い民族的危機感を抱いている。

さて、それはそれとして、今回の東日本大震災である。どうするか。いうまでもなく日本の総力を結集してその復興に取り組むべきである。

この東日本に、子どもたちの教育に熱心な地域があることはよく知られているが、産業の面で、日本列島の基盤となる農林水産業ばかりではなく、モノづくり産業においても重要な一翼を担っていることを再認識させてくれた。東日本の生産が止まれば、日本の国内だけではなく部品不足のために世界で生産の止まる産業も出てくるのだ。

そこで、復旧・復興にどう取り組むかである。今回の震災については、これを世界的、歴史的に見て超大型で、かつ原子力発電所問題を抱えているという意味で、これまでに人類が経験したことのない異例な姿の天災であると考える。

もちろん、その中には残念なことだが人災といわざるを得ない問題を含むが、私は、これを全体的な態様と規模から国難と受け止める。すなわち、私たちは現在数十年に一度という国家的大災害に直面しているのであって、これを国難と認識するのでなければ、復興は本格的には前進しない。

あの被災者の爆発的な底力による災害からの立ち上がりにもかかわらず、現状未だに復旧すら遅々として進まないのは、政治家や官僚、そしてこの問題に関係する有識者にこの認識が欠けているからではないか。

復興とは、この国難を機として、新しい時代へ向け、これまでの社会組織やインフラを越えた国土や自治体を構築していくことではないだろうか。ただ従前の村や町を復旧するだけでは不十分なのだ。

例えば、現代人として千年に一度の大地震を経験した以上、その体験は未来設計に織り込まなければならない。東北の広い海岸地域で大地震により地盤そのものが沈下した。これもまた現実である。復興計画はこれらを前提にしなければならない。

ここで強調したいのは、この復興には、時に常識を超えた行動が必要であり、時に超法規的な発想が必要であることだ。自己中心の世界で将来を考え、狭い感覚で予算のことを計算しているのでは、とても気宇壮大な復興計画は描けない。

そもそもこの急場での復興構想を大衆討議に委ねるとは、それだけで国のリーダーとしての資格を疑われる話であり、その申し出を受ける有識者も人物の規模が知れるというものだ。

さいわい、地元の自治体には自らの将来像についていろいろ構想があるはずだ。官民を通じてどんどん発言をし、実現できるものは実現していったらいいだろう。ここは地域リーダーの腕前の見せどころだ。

しかし、農水産物の放射線被害や二重ローン問題など、中央政府が解決しなければ前向きに進まない問題が圧倒的に多い。

そこで、その資金はどうするのだということになる。私は、総額20兆円の復興国債発行を提唱している（日本経済新聞5月27日付夕刊「十字路」）。

なぜそんな思いきった金額をと思われるかもしれないが、この震災は国難なのである。日頃から国民負担率引き上げを軸に財政改善を強く主張しているのは、こういう国難もあるからだ。

だが、復興は急がなければならない。現在の政策の弱さが続けば、日本経済の基盤そのものが崩壊するであろう。復興資金は大胆に投入すべきだ。

人類に豊かな幸福を

さて、第一章で私は呉善花《おそんふぁ》さんの講演会の話にふれた。韓国・済州島出身の呉さんは、現在は日本国籍も取得、比較文化学の学者・評論家として高く評価されている。経済と文化は表裏の関係にある。冒頭で呉さんの話に言及したのは、一度文化の観点から日本経済を論じておきたいと考えたからであるが、その機会を得ないまま、「日本丸」は着岸してしまった。そこで、呉さんの著書、『日本の曖昧力』(ＰＨＰ新書)から一節を引用して、私の思いに代えさせていただく。

以下がその引用文である。

(筆者注＝海、居住地、傾斜地の棚田、山林が一つの視野に入る農村風景のような地形間の距離が著しく接近している日本の国土では、高地、平野、沿海地方が互いに入り交じった複合的な自然環境が生み出されています。したがって日本の国土のような地形・地勢では、長い間にわたって生業や民族の区別を保持することは基本的に不可能となります。ここに、大陸と日本の文化・文明の形成にかかわる自然的な基礎の、根本的な違いを見なくてはなりません。

(中略)一方日本では、海と山と平地・水田が溶け合って風土がつくられ、山の神様も海の神様も農業の神様も、みな間近なところにありますから、それぞれの民の考え方が融合して文化がつくられていきました。外国人から見ると、非常に集団的、協力的に見える日本人の国民性は、まさにそうした風土から生まれてきたのです。

ここまでが引用である。

私が言及したいと思ったのは、日本文化の根源が自然とのふれあいにあることや、その文化を基礎に、生活共同体が存在していることである。ここの引用文はその後段部分に関係し、今回の避難生活にもその多くを垣間見ることができた。

この夏は、原発問題で、東日本を中心にこの日本列島全体で生活文化のあり方を考え直さなければならないという。

しかし、この課題は、いまや人類全体の文明のあり方として取り組まなければならない時代を迎えているのである。人類の総人口はざっと七十億人。まだ増えるだろう。明らかに、産業革命後の使い捨て文化の時代は終わったのだ。

それにつけても、日本という国は素晴らしい。国の青春とは、国民の心の様相をいうのだ。この国を大切にしながら、人類の豊かな幸福実現に貢献したいものである。

エピローグ

『財界』への連載は、あっという間の一年であった。

長文は書き慣れているつもりであったが、隔週に小さなテーマを決め、読者各位との仮想の討論を重ねながらの執筆は、私にとり力仕事となった。気づいてみれば折り返し点に近い正月に数えの七十七歳を迎えていた。年甲斐もなく未熟な表現が目立つところはお許しを願うとして、自分では日本経済に対する熱い思い入れの気持ち、裏返していえば自らの青春の証しのつもりである。

改めて振り返ってみれば、わがビジネス・パーソンとしての人生五十有余年、その大半が銀行と証券（私の頭の中では一つの職業分野）での仕事をし、終盤でこの経済評論の仕事をしている。そのなかで、私としては本書が二十三冊めの著作（編著書を含む）となるが、その書名が「日本の再出発」とあるのは、五十有余年をこの道で歩んできた現在の気持ちにぴったりである。

銀行・証券時代には調査、企画、営業の各分野を渡り歩き、広く産業界や政官界の方がたの知遇を得ることができた。ありがたいことにはその方たちとは未だに顔を合わせ意見交換をする機会がある。ある方たちとは同じ研究会に属し、ある仲間たちとは定期的に会う機会をつくっているからだ。

さらに、連載第一回でご紹介した日本国際フォーラムとその姉妹団体東アジア共同体評議会は、私にとり、いま主軸の研究会となっている。現役の学者や政治家も交え、世界の事象をその本質から議論することができるのだ。

そして、この日本や世界を論じる時にどうしても言及しなければならないのが、わが故郷《ふるさと》の日本興業銀行である。もちろん、この故郷も現在は再編成が進み、みずほフィナンシャルグループとなっているが、当時はディスカッション興銀と呼ばれていた。そのDNAはいまでも残っていて、仲間で会えばすぐにディスカッションになる。私の属するある勉強会は、各人が今日的情報を持ち寄り、その議論は生き生きとしてヴィヴィッドなものになる。しかも金融・証券の分野になると、かなり専門度が増し、簡単に自分の主張を譲らない。

みずほコーポレート銀行産業調査部やみずほ証券、みずほ総合研究所の現役諸君からは、今回の連載執筆に当たってもいろいろと教えてもらった。ここにご披露し、感謝させていただく。ただし、具体的な政策主張に関する部分は私自身の責任で書いたもので、現役諸君は関係がないことを念のためお断りしておく。

さて、『財界』への連載〈どうする、「日本丸」〉をこの単行本にまとめるに当たっては、若干の文言の補正や修正をおこなった。また、歴史上の人物については、原則として敬称を略させていただいた。

最後になったが、このような機会を与えてくださった総合ビジネス誌『財界』主幹村田博文さん、雑誌への連載および単行本化を直接担当してくださり、いろいろと相談に乗ってくださった同誌編集部の大浦秀和さんに、厚く御礼申し上げたい。この出版は、私にとり喜寿の記念となった。きっと家族も喜んでくれるだろう。

二〇一一年六月

吉田　春樹

吉田 春樹（よしだ・はるき）

よしだ・はるき
　1935年東京生まれ。59年東京大学法学部卒業。同年日本興業銀行入行。同行取締役産業調査部長、和光経済研究所社長を経て、2000年吉田経済産業ラボ代表就任。『米国産業の実力〈編著〉』（日本経済新聞社）、『地球新時代　日本の構図』（東洋経済新報社）、『「経済大国」に明日はないか』（中央公論社）、『執行役員』（文藝春秋）、『米国か、中国か』（ＰＨＰ研究所）ほか著書多数。

日本は人材、そして技術で世界経済に貢献する国家に
日本の再出発

2011年6月20日　第1版第1刷発行

著者　吉田春樹

発行者　村田博文
発行所　株式会社財界研究所
［住所］〒100-0014東京都千代田区永田町2-14-3赤坂東急ビル11階
［電話］03-3581-6771
［ファクス］03-3581-6777
［URL］http://www.zaikai.jp/

印刷・製本　凸版印刷株式会社

乱丁・落丁は送料小社負担でお取り替えいたします。
ISBN 978-4-87932-078-0
定価はカバーに印刷してあります。